첫 걸음 韓国語

入門編

呉昑姫 著

HAKUEISHA

✏️ 基本母音と子音の組み合わせと発音記号

母音 / 子音	ㅏ [a]	ㅑ [ya]	ㅓ [eo]	ㅕ [yeo]	ㅗ [o]	ㅛ [yo]	ㅜ [u]	ㅠ [yu]	ㅡ [eu]	ㅣ [i]
ㄱ[k/g] 기역	가 ka	갸 kya	거 keo	겨 kyeo	고 ko	교 kyo	구 ku	규 kyu	그 keu	기 ki
ㄴ[n] 니은	나 na	냐 nya	너 neo	녀 nyeo	노 no	뇨 nyo	누 nu	뉴 nyu	느 neu	니 ni
ㄷ[t/d] 디귿	다 ta	댜 tya	더 teo	뎌 tyeo	도 to	됴 tyo	두 tu	듀 tyu	드 teu	디 ti
ㄹ[r] 리을	라 ra	랴 rya	러 reo	려 ryeo	로 ro	료 ryo	루 ru	류 ryu	르 reu	리 ri
ㅁ[m] 미음	마 ma	먀 mya	머 meo	며 myeo	모 mo	묘 myo	무 mu	뮤 myu	므 meu	미 mi
ㅂ[p/b] 비읍	바 pa	뱌 pya	버 peo	벼 pyeo	보 po	뵤 pyo	부 pu	뷰 pyu	브 peu	비 pi
ㅅ[s] 시옷	사 sa	샤 sya	서 seo	셔 syeo	소 so	쇼 syo	수 su	슈 syu	스 seu	시 si
ㅇ[無音] 이응	아 a	야 ya	어 eo	여 yeo	오 o	요 yo	우 u	유 yu	으 eu	이 i
ㅈ[j] 지읒	자 ja	쟈 jya	저 jeo	져 jyeo	조 jo	죠 jyo	주 ju	쥬 jyu	즈 jeu	지 ji
ㅊ[cʰ] 치읓	차 cʰa	챠 cʰya	처 cʰeo	쳐 cʰyeo	초 cʰo	쵸 cʰyo	추 cʰu	츄 cʰyu	츠 cʰeu	치 cʰi
ㅋ[kʰ] 키읔	카 kʰa	캬 kʰya	커 kʰeo	켜 kʰyeo	코 kʰo	쿄 kʰyo	쿠 kʰu	큐 kʰyu	크 kʰeu	키 kʰi
ㅌ[tʰ] 티읕	타 tʰa	탸 tʰya	터 tʰeo	텨 tʰyeo	토 tʰo	툐 tʰyo	투 tʰu	튜 tʰyu	트 tʰeu	티 tʰi
ㅍ[pʰ] 피읖	파 pʰa	퍄 pʰya	퍼 pʰeo	펴 pʰyeo	포 pʰo	표 pʰyo	푸 pʰu	퓨 pʰyu	프 pʰeu	피 pʰi
ㅎ[h] 히읗	하 ha	햐 hya	허 heo	혀 hyeo	호 ho	효 hyo	후 hu	휴 hyu	흐 heu	히 hi

合成母音と子音の組み合わせと発音記号

母音 / 子音	ㅐ [ae]	ㅒ [yae]	ㅔ [e]	ㅖ [ye]	ㅘ [wa]	ㅙ [wae]	ㅚ [oe]	ㅝ [wo]	ㅞ [we]	ㅟ [wi]	ㅢ [ui]
ㄱ [k/g] 기역	개 kae	걔 kyae	게 ke	계 kye	과 kwa	괘 kwae	괴 koe	궈 kwo	궤 kwe	귀 kwi	긔 kui
ㄴ [n] 니은	내 nae	냬 nyae	네 ne	녜 nye	놔 nwa	놰 nwae	뇌 noe	눠 nwo	눼 nwe	뉘 nwi	늬 nui
ㄷ [t/d] 디귿	대 tae	댸 tyae	데 te	뎨 tye	돠 twa	돼 twae	되 toe	둬 two	뒈 twe	뒤 twi	듸 tui
ㄹ [r] 리을	래 rae	럐 ryae	레 re	례 rye	롸 rwa	뢔 rwae	뢰 roe	뤄 rwo	뤠 rwe	뤼 rwi	릐 rui
ㅁ [m] 미음	매 mae	먜 myae	메 me	몌 mye	뫄 mwa	뫠 mwae	뫼 moe	뭐 mwo	뭬 mwe	뮈 mwi	믜 mui
ㅂ [p/b] 비읍	배 pae	뱨 pyae	베 pe	볘 pye	봐 pwa	봬 pwae	뵈 poe	붜 pwo	붸 pwe	뷔 pwi	븨 pui
ㅅ [s] 시옷	새 sae	섀 syae	세 se	셰 sye	솨 swa	쇄 swae	쇠 soe	숴 swo	쉐 swe	쉬 swi	싀 sui
ㅇ [無音] 이응	애 ae	얘 yae	에 e	예 ye	와 wa	왜 wae	외 oe	워 wo	웨 we	위 wi	의 ui
ㅈ [j] 지읒	재 jae	쟤 jyae	제 je	졔 jye	좌 jwa	좨 jwae	죄 joe	줘 jwo	줴 jwe	쥐 jwi	즤 jui
ㅊ [cʰ] 치읓	채 cʰae	챼 cʰyae	체 cʰe	쳬 cʰye	촤 cʰwa	쵀 cʰwae	최 cʰoe	춰 cʰwo	췌 cʰwe	취 cʰwi	츼 cʰui
ㅋ [kʰ] 키읔	캐 kʰae	컈 kʰyae	케 kʰe	켸 kʰye	콰 kʰwa	쾌 kʰwae	쾨 kʰoe	쿼 kʰwo	퀘 kʰwe	퀴 kʰwi	킈 kʰui
ㅌ [tʰ] 티읕	태 tʰae	턔 tʰyae	테 tʰe	톄 tʰye	톼 tʰwa	퇘 tʰwae	퇴 tʰoe	퉈 tʰwo	퉤 tʰwe	튀 tʰwi	틔 tʰui
ㅍ [pʰ] 피읖	패 pʰae	퍠 pʰyae	페 pʰe	폐 pʰye	퐈 pʰwa	퐤 pʰwae	푀 pʰoe	풔 pʰwo	풰 pʰwe	퓌 pʰwi	픠 pʰui
ㅎ [h] 히읗	해 hae	햬 hyae	헤 he	혜 hye	화 hwa	홰 hwae	회 hoe	훠 hwo	훼 hwe	휘 hwi	희 hui

📝 濃音・基本母音

母音 子音	ㅏ [a]	ㅑ [ya]	ㅓ [eo]	ㅕ [yeo]	ㅗ [o]	ㅛ [yo]	ㅜ [u]	ㅠ [yu]	ㅡ [eu]	ㅣ [i]
ㄲ[kk] 쌍기역	까 kka	꺄 kkya	꺼 kkeo	껴 kkyeo	꼬 kko	꾜 kkyo	꾸 kku	뀨 kkyu	끄 kkeu	끼 kki
ㄸ[tt] 쌍디귿	따 tta	땨 ttya	떠 tteo	뗘 ttyeo	또 tto	뚀 ttyo	뚜 ttu	뜌 ttyu	뜨 tteu	띠 tti
ㅃ[pp] 쌍비읍	빠 ppa	뺘 ppya	뻐 ppeo	뼈 ppyeo	뽀 ppo	뾰 ppyo	뿌 ppu	쀼 ppyu	쁘 ppeu	삐 ppi
ㅆ[ss] 쌍시옷	싸 ssa	쌰 ssya	써 sseo	쎠 ssyeo	쏘 sso	쑈 ssyo	쑤 ssu	쓔 ssyu	쓰 sseu	씨 ssi
ㅉ[jj] 쌍지읒	짜 jja	쨔 jjya	쩌 jjeo	쪄 jjyeo	쪼 jjo	쬬 jjyo	쭈 jju	쮸 jjyu	쯔 jjeu	찌 jji

📝 濃音・合成母音

母音 子音	ㅐ [ae]	ㅒ [yae]	ㅔ [e]	ㅖ [ye]	ㅘ [wa]	ㅙ [wae]	ㅚ [oe]	ㅝ [wo]	ㅞ [we]	ㅟ [wi]	ㅢ [ui]
ㄲ[kk] 쌍기역	깨 kkae	꺠 kkyae	께 kke	꼐 kkye	꽈 kkwa	꽤 kkwae	꾀 kkoe	꿔 kkwo	꿰 kkwe	뀌 kkwi	끠 kkui
ㄸ[tt] 쌍디귿	때 ttae	떄 ttyae	떼 tte	뗴 ttye	똬 ttwa	뙈 ttwae	뙤 ttoe	뚸 ttwo	뛔 ttwe	뛰 ttwi	띄 ttui
ㅃ[pp] 쌍비읍	빼 ppae	뺴 ppyae	뻬 ppe	뼤 ppye	뽜 ppwa	뽸 ppwae	뾔 ppoe	뿨 ppwo	쀄 ppwe	쀠 ppwi	쁴 ppui
ㅆ[ss] 쌍시옷	쌔 ssae	썌 ssyae	쎄 sse	쎼 ssye	쏴 sswa	쐐 sswae	쐬 ssoe	쒀 sswo	쒜 sswe	쒸 sswi	씌 ssui
ㅉ[jj] 쌍지읒	째 jjae	쨰 jjyae	쩨 jje	쪠 jjye	쫘 jjwa	쫴 jjwae	쬐 jjoe	쭤 jjwo	쮀 jjwe	쮜 jjwi	쯰 jjui

韓国の地図 한국지도

はじめに

　私は長年、日本で韓国語講師としてたくさんの方々に韓国語を教えてきました。その経験をいかし、少しでも韓国語に興味がある皆さんが気軽に、また楽しく学びながら韓国語の基礎を築いてほしいという思いから、この度＜첫걸음 韓国語－入門編＞を刊行することになりました。

　本書は高校や大学、一般の方々への「入門教科書」として、さまざまなジャンルで韓国に関心がある幅広い年代の方々が学習できるよう単語（語彙）・文型・会話・練習問題を豊富に提示しています。また、各課でたくさんの練習問題を取り入れることで授業での学習に加え、自ら予習や復習ができるようにして、学習効率を最大限に高められるような工夫をしています。それらを繰り返し読み、書き、聞くことによって自然と会話を身につけることができるようになるでしょう。

　本書で学習された皆さまが韓国人との簡単な日常会話ができるようになり、韓国文化に触れ、韓国旅行が何倍も楽しめるようになってくれれば幸いです。ぜひあきらめず楽しく韓国語を学んでください。

呉 昑姫

目次

序章
1. ハングルを作った世宗大王（セジョンデワン）   10
2. ハングルの母音と子音   10

第1課 文字 (1)
基本母音・기본모음   12

第2課 文字 (2)
平音・평음   15

第3課 文字 (3)
鼻音・流音・비음・유음   18

第4課 文字 (4)
合成母音・합성모음   23

第5課 文字 (5)
激音・격음   28

第6課 文字 (6)
濃音・농음   32

6 첫걸음 韓国語 入門編

第7課	文字 (7)	
	終声（パッチム）の ㄱ [k/g]	39

第8課	文字 (8)	
	終声（パッチム）の ㄴ [n]	41

第9課	文字 (9)	
	終声（パッチム）の ㄷ [t/d]	44

第10課	文字 (10)	
	終声（パッチム）の ㄹ [r/l]	47

第11課	文字 (11)	
	終声（パッチム）の ㅁ [m]	49

第12課	文字 (12)	
	終声（パッチム）の ㅂ [p/b]	51

第13課	文字 (13)	
	終声（パッチム）の ㅇ [ng]	53

第14課	会話 (1)	
	私の名前はキム・チョルスです。・제 이름은 김철수입니다.	57
	14-1.「-은/는」「〜は」	58
	14-2.「N + -입니다/입니까?」「N +〜です / ですか」	60
	14-3.「N + -(이)라고 합니다」「N +〜と申します」	62

目次 **7**

第15課	会話 (2)	
	明洞ではありません。・명동이 아닙니다.	63
	15-1.「-이/가」「～が」	64
	15-2.「-이/가 아닙니다(까?)」「～ではありません（か）」	66
	15-3.「이・그・저」지시대명사「こ・そ・あ」の指示代名詞	67

第16課	会話 (3)	
	職業が何ですか。・직업이 뭐예요?	69
	16-1.「-예요/-이에요(?)」「～です / -ですか」	70
	16-2.「-에 …に、…へ」、「-에서 …で、…から」	73
	16-3.「-있습니다(까?)/-있어요(?)」「-없습니다(까?)/-없어요(?)」	74

第17課	会話 (4)	
	いつ旅行に行きますか。・언제 여행 가요?	75
	17-1. 해요体　語幹＋「-아요/어요」	77
	17-2.「-로/으로」「～で」	79
	17-3.「-와/과/하고」「～と」	80
	17-4.「-세요/-으세요(?)」「～ください」「～なさい」「～されます（か）」	81

付録	発音の規則活用	
	パッチム「ㄱ [k/g] / ㄴ [n] / ㄷ [t/d] / ㄹ [r/l] / ㅁ [m] / ㅂ [p/b] / ㅇ [ng]」	82
	無声音化・有声音化・口蓋音化・連音化・濃音化・流音化・激音化・鼻音化の発音	85
	「ㄷ」/「ㅅ」/「ㅂ」/「ㄹ」不規則活用と規則活用	91

語彙索引	韓国語・日本語	
	第1課～第17課と付録までの語彙	95

8　첫걸음 韓国語 入門編

音声は、QRコードを
スキャンするとダウンロードいただけます。

序章

1 ハングルを作った世宗大王（セジョンデワン）

　世宗28年（1446）、朝鮮4代目の王である世宗大王（1397～1450）が集賢殿（チッピョンジョン）を頒布した。30年ほどの月日をかけ、学者と共同して訓民正音という文字を作った。朝鮮王朝の基盤を確固たるものにした王である。また、世宗大王は直接ハングル＊(한글) で書いた「月仁川江池谷・월인천강지곡」を残している。

　国民のためにハングルを作った世宗大王は学問がなければ世が暗いと明言していた。立派な業績を残した**世宗大王**は後代でも、尊敬されている。

　世宗大王は数々の業績を残した後、1450年4月8日に53歳でこの世を去った。

　現在ハングルの創製は、世界の言語学の発展史に永遠に残る偉大な言語のひとつとなっている。

世宗大王 (세종대왕)

訓民正音 (훈민정음)

2 ハングルの母音と子音

(1) ハングルの仕組み(한글구조)は첫소리(初声)、가운뎃소리(中声)、받침(끝소리) =（終声）からなる。

ハングルの仕組み（한글구조）	
母音	⇒ 아
母音＋子音	⇒ 억
子音＋母音	⇒ 나
母音＋子音＋子音	⇒ 없
子音＋母音＋子音	⇒ 넘
子音＋母音＋子音＋子音	⇒ 값

첫소리（初声）　가운뎃소리（中声）

감

[kam]
받침（끝소리）=（終声）

　初声19個と中声11個と終声28個を組み合わせてできるハングル文字は全部で11,172個である。

(2) 母音は基本母音 10 個・合成母音 11 個

基本母音 10 個									
ㅏ	ㅑ	ㅓ	ㅕ	ㅗ	ㅛ	ㅜ	ㅠ	ㅡ	ㅣ
[a]	[ya]	[eo]	[yeo]	[o]	[yo]	[u]	[yu]	[eu]	[i]
아	야	어	여	오	요	우	유	으	이

合成母音 11 個										
ㅐ	ㅒ	ㅔ	ㅖ	ㅘ	ㅚ	ㅙ	ㅞ	ㅝ	ㅟ	ㅢ
[ae]	[yae]	[e]	[ye]	[wa]	[we]	[wae]	[we]	[wo]	[wi]	[ui]
애	얘	에	예	와	외	왜	웨	워	위	의

(3) 平音 5 個・鼻音 3 個・流音 1 個

平音 5 個					鼻音 3 個			流音 1 個
ㄱ	ㄷ	ㅂ	ㅅ	ㅈ	ㄴ	ㅁ	ㅇ	ㄹ
[k/g]	[t/d]	[p/b]	[s]	[j]	[n]	[m]	[ng]	[r]
가	다	바	사	자	나	마	응	라

(4) 激音 5 個・濃音 5 個

激音 5 個				
ㅋ	ㅌ	ㅍ	ㅊ	ㅎ
[k^h]	[t^h]	[p^h]	[c^h]	[h]
카	타	파	차	하

濃音 5 個				
ㄲ	ㄸ	ㅃ	ㅆ	ㅉ
[kk]	[tt]	[pp]	[ss]	[jj]
까	따	빠	싸	짜

(5) 子音は全部で 19 個あり、平音 5 個、鼻音 3 個、流音 1 個、激音 5 個、濃音 5 個 に分かれている。

子音 19 個	
平音（평음）：ㄱ, ㄷ, ㅂ, ㅅ, ㅈ	激音（격음）：ㅋ, ㅌ, ㅍ, ㅊ, ㅎ
鼻音（비음）：ㄴ, ㅁ, ㅇ	濃音（농음/된소리）：ㄲ, ㄸ, ㅃ, ㅆ, ㅉ
流音（유음）：ㄹ	

(6) 字母順番 = 자모 순서

子音（자음）：ㄱㄲㄴㄷㄸㄹㅁㅂㅃㅅㅆㅇㅈㅉㅊㅋㅌㅍㅎ

母音（모음）：ㅏㅐㅑㅒㅓㅔㅕㅖㅗㅘㅙㅚㅛㅜㅝㅞㅟㅠㅡㅢㅣ

第1課　文字 (1)

基本母音・기본모음

1-1　基本母音 10 個

1 基本(単)母音は 10 個　 1

母音	発音記号	母音○との組み合わせ	発音
①ト②	[a]	①아② ③	日本語の「ア」とほぼ同じ発音。
①ト②③	[ya]	①야② ③④	日本語の「ヤ」とほぼ同じ発音。
①ㅓ②	[eo]	①어② ③	「ア」のように口を広げて日本語の「オ」と発音。「ア」と「オ」の間で発音。
①ㅕ②③	[yeo]	①여②③④	「ヤ」のように口を広げて日本語の「ヨ」と発音。「ヤ」と「ヨ」の間で発音。
①ㅗ②	[o]	①오②③	日本語の「オ」とほぼ同じ発音。 唇を丸くすぼめて、日本語の「オ」と発音。
①②ㅛ③	[yo]	①요②③④	日本語の「ヨ」とほぼ同じ発音。 唇を丸くすぼめて、日本語の「ヨ」と発音。
①ㅜ②	[u]	①우②③	日本語の「ウ」とほぼ同じ発音。 唇を丸く突き出して、日本語の「ウ」と発音。
①ㅠ②③	[yu]	①유②③④	日本語の「ユ」とほぼ同じ発音。 唇を丸く突き出して、日本語の「ユ」と発音。
①ㅡ	[eu]	①으②	唇を横に引いて日本語の「ウ」と発音。
①ㅣ	[i]	①이②	日本語の「イ」とほぼ同じ発音。

첫걸음 韓国語 入門編

✏️ 基本母音の書き順

ㅇ + ㅏ	ㅇ + ㅑ	ㅇ + ㅓ	ㅇ + ㅕ	ㅇ + ㅗ
아	야	어	여	오
ㅇ + ㅛ	ㅇ + ㅜ	ㅇ + ㅠ	ㅇ + ㅡ	ㅇ + ㅣ
요	우	유	으	이

① 読みながら書きましょう

아	야	어	여	오	요	우	유	으	이
[a]	[ya]	[eo]	[yeo]	[o]	[yo]	[u]	[yu]	[eu]	[i]

第1課 文字(1) 13

1-2 　単語・語彙

① 単語を読みながら覚えましょう。　🎧 2

1. 아 (ああ、やれやれ、あ)	6. 우유 (牛乳)	11. 어유 (おう)
2. 아이 (子供)	7. 오 (お)	12. 여우 (キツネ)
3. 아우 (弟、妹)	8. 오이 (キュウリ)	13. 여야 (与野党)
4. 아야 (痛みを感じたとき)	9. 이(빨) (歯)	14. 야 (おい)
5. 우아 (優雅)	10. 이유 (理由)	15. 야유 (夜あそび、夜遊)

② 次の単語の意味を書き、その単語を 2 回ずつ書きましょう。

単語	意味	1回	2回
1. 아			
2. 아이			
3. 아우			
4. 아야			
5. 우아			
6. 우유			
7. 오			
8. 오이			
9. 이			
10. 이유			
11. 어유			
12. 여우			
13. 여야			
14. 야			
15. 야유			

첫걸음 韓国語 入門編

第2課

文字 (2)

平音・평음

2-1　平音

1 平音の初声「ㄱ, ㄷ, ㅂ, ㅈ」が語頭に来るときは、無声音（清音）になり、語中では有声音（濁音）になる。　🎧 3

平音	発音記号	語頭の発音	語中の発音
① ㄱ　[ki yeok]	[k/g]	日本語の「カ行」とほぼ同じ発音。	「ガ行」で発音される。
②① ㄷ　[di geut]	[t/d]	日本語の「タ行」とほぼ同じ発音。	「ダ行」で発音される。
①③②④ ㅂ　[bi eup]	[p/b]	日本語の「パ行」とほぼ同じ発音。	「バ行」で発音される。
①②ㅅ　[si eut]	[s]	日本語の「サ行」とほぼ同じ発音。	有声音化にならない。
①②ㅈ　[ji eut]	[j]	日本語の「チャ行」とほぼ同じ発音。	「ジャ行」で発音される。

📖 息を強く出さずに柔らかく自然な感じで発音する。

平音	①ㄱ	②①ㄷ	①③②④ㅂ	①②ㅅ	①②ㅈ

📖 無声音化（清音）・有声音化（濁音）の発音

가구 (kagu)	바다 (pada)	구두 (kudu)	가다 (kada)
부부 (pubu)	두부 (tubu)	바지 (paji)	고기 (kogi)

第2課 文字 (2)　**15**

✏️ **平音の書き順**

ㄱ+ㅏ	ㄷ+ㅑ	ㅂ+ㅓ	ㅅ+ㅕ	ㅈ+ㅗ
가	댜	버	셔	조
ㄱ+ㅛ	ㄷ+ㅜ	ㅂ+ㅠ	ㅅ+ㅡ	ㅈ+ㅣ
교	두	뷰	스	지

① 平音「ㄱ, ㄷ, ㅂ, ㅅ, ㅈ」の順で書きましょう。

母音 / 子音	ㅏ	ㅑ	ㅓ	ㅕ	ㅗ	ㅛ	ㅜ	ㅠ	ㅡ	ㅣ
ㄱ	가	갸	거	겨	고	교	구	규	그	기
ㄷ	다	댜	더	뎌	도	됴	두	듀	드	디
ㅂ	바	뱌	버	벼	보	뵤	부	뷰	브	비
ㅅ	사	샤	서	셔	소	쇼	수	슈	스	시
ㅈ	자	쟈	저	져	조	죠	주	쥬	즈	지

2-2　単語・語彙

① 単語を読みながら覚えましょう。　🎧 4

1. 소주 (焼酎^{しょうちゅう})	11. 이야기 (話)	21. 아버지 (お父さん)
2. 여자 (女子)	12. 지도 (地図)	22. 주스 (ジュース)
3. 고기 (肉)	13. 도구 (道具)	23. 교사 (教師)
4. 구두 (靴)	14. 가수 (歌手)	24. 비서 (秘書)
5. 바다 (海)	15. 교수 (教授)	25. 버스 (バス)
6. 가구 (家具)	16. 유도 (柔道)	26. 주부 (主婦)
7. 부부 (夫婦)	17. 고교 (高校)	27. 두유 (豆乳)
8. 여기 (ここ)	18. 야구 (野球)	28. 가다 (行く)
9. 어디 (どこ)	19. 두부 (豆腐)	29. 더 (もっと)
10. 이거 (これ)	20. 고비 (峠)	30. 비 (雨)

16 첫걸음 韓国語 入門編

② 次の単語の意味を書き、その単語を2回ずつ書きましょう。

単語	意味	1回	2回
1. 소주			
2. 여자			
3. 고기			
4. 구두			
5. 바다			
6. 가구			
7. 부부			
8. 여기			
9. 어디			
10. 이거			
11. 이야기			
12. 지도			
13. 도구			
14. 가수			
15. 교수			
16. 유도			
17. 고교			
18. 야구			
19. 두부			
20. 고비			
21. 아버지			
22. 주스			
23. 교사			
24. 비서			
25. 버스			
26. 주부			
27. 두유			
28. 가다			
29. 더			
30. 비			

第2課 文字(2) **17**

第3課 文字 (3)

鼻音・流音・비음・유음

3-1 鼻音

1 鼻音の初声「ㄴ, ㅁ」が前に来るとき、日本語の「ナ」行、「マ」行で発音する。

2 鼻音は口を閉じて息が鼻から抜ける音。

3 「ㅇ」（イウン）は喉の丸い形をかたどって作った字で、初声で使われる時は発音しない。

🎧 5

鼻音	発音記号	発音
①ㄴ② [ni eun]	[n]	日本語の「ナ行」とほぼ同じように発音。
①ㅁ② ③ [mi eum]	[m]	日本語の「マ行」とほぼ同じように発音。
①ㅇ [i eung]	[ng]	初声では無音、終声では鼻から抜ける音のように発音

📖 口を閉じて息が鼻から抜けるように発音する。

鼻音	①ㄴ	①ㅁ②③	(①ㅇ)

📖 鼻音の字母

나노 (nano)	노나 (nona)	마모 (mamo)	모마 (moma)	아오 (ao)	오아 (oa)

18 첫걸음 韓国語 入門編

鼻音の書き順

ㄴ + ㅏ	ㄴ + ㅗ	ㅁ + ㅏ	ㅇ + ㅏ	ㅇ + ㅣ
나	노	마	아	이

① 鼻音「ㄴ, ㅁ, ㅇ」の順で書きましょう。

母音 子音	ㅏ	ㅑ	ㅓ	ㅕ	ㅗ	ㅛ	ㅜ	ㅠ	ㅡ	ㅣ
ㄴ	나	냐	너	녀	노	뇨	누	뉴	느	니
ㅁ	마	먀	머	며	모	묘	무	뮤	므	미
ㅇ	아	야	어	여	오	요	우	유	으	이

3-2 単語・語彙

① 単語を読みながら覚えましょう。 6

1. 나 (私)	9. 너구리 (タヌキ)	17. 너 (あなた)
2. 모녀 (母娘)	10. 나비 (チョウ)	18. 어머니 (お母さん)
3. 마 (長芋)	11. 무지 (無地)	19. 뉴스 (ニュース)
4. 무 (大根)	12. 묘지 (墓地)	20. 비누 (石けん)
5. 도마 (まな板)	13. 누비 (刺子)	21. 모자 (帽子)
6. 누나 (姉)	14. 나도 (私も)	22. 마녀 (魔女)
7. 나무 (木)	15. 부모 (両親)	23. 나이 (年齢、歳)
8. 모기 (蚊)	16. 거미 (クモ)	24. 네 (はい)

第 3 課 文字 (3)

② 次の単語の意味を書き、その単語を 2 回ずつ書きましょう。

単語	意味	1 回	2 回
1. 나			
2. 모녀			
3. 마			
4. 무			
5. 누나			
6. 나무			
7. 모기			
8. 나비			
9. 무지			
10. 묘지			
11. 나도			
12. 부모			
13. 누비			
14. 거미			
15. 도마			
16. 어머니			
17. 뉴스			
18. 비누			
19. 모자			
20. 마녀			
21. 너			
22. 나이			
23. 너구리			
24. 네			

첫걸음 韓国語 入門編

3-3	流音

1 流音の初声「ㄹ」が前に来るとき、日本語では「ラ」行で発音する。

2 流音は舌先を歯茎に軽く当てて離したり、歯茎につけたまま空気を横に流して送り出す音。

🎧 7

流音	発音記号	発音
①③**ㄹ**② [li eul]	[r]	日本語の「ラ行」とほぼ同じ発音。

🔖 息を舌の両側から流して発音する。

流音	①③**ㄹ**②	라노 (lano)	노라 (nola)

✏️ 流音の書き順

ㄹ + ㅏ	ㄹ + ㅜ	ㄹ + ㅠ	ㄹ + ㅡ
라	루	류	르

① 「ㄹ」を書きましょう。

子音＼母音	ㅏ	ㅑ	ㅓ	ㅕ	ㅗ	ㅛ	ㅜ	ㅠ	ㅡ	ㅣ
ㄹ	라	랴	러	려	로	료	루	류	르	리

第 3 課 文字 (3)　**21**

| 3-4 | 単語・語彙 |

① 単語を読みながら覚えましょう。

1. 나라 (国)	5. 소리 (音)	9. 거리 (距離)
2. 오리 (鴨、あひる)	6. 도로 (道路)	10. 우리 (私たち)
3. 머리 (頭)	7. 무료 (無料)	11. 요리 (料理)
4. 루비 (ルビー)	8. 라디오 (ラジオ)	12. 다리 (橋)

② 次の単語の意味を書き、その単語を 2 回ずつ書きましょう。

単語	意味	1回	2回
1. 나라			
2. 오리			
3. 머리			
4. 라디오			
5. 우리			
6. 다리			
7. 루비			
8. 소리			
9. 무료			
10. 도로			
11. 거리			
12. 요리			

22 첫걸음 韓国語 入門編

第4課

文字 (4)

合成母音・합성모음

4-1 合成母音11個

1 合成母音「ㅐ, ㅒ, ㅔ, ㅖ, ㅘ, ㅙ, ㅚ, ㅝ, ㅞ, ㅟ, ㅢ」 🎧 8

文字の仕組み	日本語	母音	発音記号	子音ㅇとの組み合わせ	発音
ㅏ + ㅣ	エ	ㅐ	[ae]	애	日本語の「エ」とほぼ同じ発音。
ㅑ + ㅣ	ウェ	ㅒ	[yae]	얘	やや口を広げて、日本語の「ウェ」とほぼ同じ発音。
ㅓ + ㅣ	エ	ㅔ	[e]	에	日本語の「エ」とほぼ同じ発音。
ㅕ + ㅣ	イェ	ㅖ	[ye]	예	日本語の「イェ」とほぼ同じ発音。
ㅗ + ㅏ	ワ	ㅘ	[wa]	와	日本語の「ワ」とほぼ同じ発音。
	ウェ	ㅙ	[wae]	왜	日本語の「ウェ」より口を広げて発音。
	ウェ	ㅚ	[we]	외	唇を丸めたまま「ウェ」と発音。
ㅜ + ㅓ	ウォ	ㅝ	[wo]	워	日本語の「ウォ」より口を広げて発音。
	ウェ	ㅞ	[we]	웨	日本語の「ウェ」とほぼ同じ発音。
	ウィ	ㅟ	[wi]	위	唇を丸く突き出して、「ウィ」と発音。
ㅡ + ㅣ	ウィ	ㅢ	[ui]	의	唇を横に引いて一息で、「ウィ」と発音。

第4課 文字 (4)　**23**

2 「ㅐ（エ）」と「ㅔ（エ）」は日本語の「エ」のように発音しても構わない。

3 「ㅒ（ウェ）」と「ㅖ（イェ）」は異なる発音だが、現在では区別せず、[ye] と発音しても構わない。韓国語の母音は字母だけを表すときには、「ㅇ（イウン）」をつけて書く。音は無音になる。

4 「ㅇ（イウン）」は喉の丸い形をかたどって作った字である。初声で使われる時は発音しない。

5 ワ行の母音は「ウェ」、「ㅙ, ㅚ, ㅞ」の発音が3つある。

6 「ㅙ（ウェ）、ㅚ（ウェ）、ㅞ（ウェ）」は厳密には異なる発音だが、現在では区別せず発音している。[we] と発音しても構わない。

7 「의（ウィ）」は助詞「～の」にあたる。名詞の間に助詞の「의」が来る場合は ［e］ と発音する。

例 아버지**의** 구두 　→　 お父さんの靴
［e］

8 「의」が名詞の前に来る場合は、そのまま ［ui］ と発音する。

例 **의**사 → 医者	**의**자 → 椅子	**의**미 → 意味	**의**무 → 義務
［**ui**sa］	［ui］	［ui］	［ui］

9 「의」が名詞の後ろに来る場合は ［i］ と発音する。

例 편**의**점 　→　 コンビニ	무**늬** → 模様	편**의** → 便宜	거**의** →ほとんど
［pyeon-**ni**jieom］	［mu**ni**］	［ni］	［i］

첫걸음 韓国語 入門編

✏️ 合成母音の書き順

ㅇ+ㅐ	ㅇ+ㅐ	ㅇ+ㅔ	ㅇ+ㅖ	ㅇ+ㅗ+ㅏ	ㅇ+ㅗ+ㅐ
애	얘	에	예	와	왜

ㅇ+ㅗ+ㅣ	ㅇ+ㅜ+ㅓ	ㅇ+ㅜ+ㅔ	ㅇ+ㅜ+ㅣ	ㅇ+ㅡ+ㅣ	
외	워	웨	위	의	

① 読みながら書きましょう。

애 [ae]	얘 [yae]	에 [e]	예 [ye]	와 [wa]	왜 [wae]	외 [oe]	워 [wo]	웨 [we]	위 [wi]	의 [ui]

第4課 文字(4)　25

✎ 子音と合成母音の組み合わせの書き順

ㄱ+ㅐ	ㄴ+ㅐ	ㄷ+ㅔ	ㄹ+ㅖ	ㅁ+ㅗ+ㅏ	ㅂ+ㅗ+ㅐ
개	내	데	례	뫄	봬

ㅅ+ㅗ+ㅣ	ㅇ+ㅜ+ㅓ	ㄹ+ㅜ+ㅔ	ㅂ+ㅜ+ㅣ	ㅇ+ㅡ+ㅣ	
쇠	워	뤠	뷔	의	

② 読みながら書きましょう。

母音 子音	ㅐ	ㅒ	ㅔ	ㅖ	ㅘ	ㅙ	ㅚ	ㅝ	ㅞ	ㅟ	ㅢ
ㄱ	개				과	괘					긔
ㄴ		내									늬
ㄷ			데				되		뒈		
ㄹ				례				뤄			
ㅁ					뫄		뫼				
ㅂ				볘		봬		붜			
ㅅ			세						쉐		
ㅇ		얘								위	
ㅈ	재										즤

26　첫걸음 韓国語 入門編

4-2	合成母音の単語

① 単語を読みながら覚えましょう。

1. -의 (の) *助詞	7. 아아 (ああ)	13. 우와 (うわ！)
2. 예의 (礼儀)	8. 외워요 (覚えます)	14. 얘 (この子)
3. -와 (と) *助詞	9. 애 (子供、子)	15. 왜? (何で？)
4. 예 (はい)	10. 위 (胃、上)	16. 에이 (A)
5. 왜요? (なぜですか。)	11. 와우 (英語のWOW)	17. 외 (外、他)
6. -에 (に) *助詞	12. -예요/-이에요 (です)	18. 우애 (友愛)

② 次の単語の意味を書き、その単語を2回ずつ書きましょう。

単語	意味	1回	2回
1. -의			
2. 예의			
3. -와			
4. 예			
5. 왜요?			
6. -에			
7. 아아			
8. 외워요?			
9. 애			
10. 위			
11. 와우			
12. -예요/-이에요			
13. 우와			
14. 얘			
15. 왜?			
16. 에이			
17. 외			
18. 우애			

第4課 文字(4)　27

第5課 文字 (5)

激音・격음

5-1 激音

1 激音は「ㅋ, ㅌ, ㅍ, ㅊ, ㅎ」 🎧 9

激音	発音記号	発音
①②ㅋ [khi eukh]	[kʰ]	「カ行」は日本語の発音より息を強く出して発音する。
②ㅌ①③ [thi euth]	[tʰ]	「ト、タ、テ行」は日本語の発音より息を強く出して発音する。
②ㅍ①③④ [phi euph]	[pʰ]	「パ行」は日本語の発音より息を強く出して発音する。
②ㅊ①③ [chi euch]	[cʰ]	「チャ行」は日本語の発音より息を強く出して発音する。
②ㅎ①③ [hi euh]	[h]	「ハ行」は日本語の発音より息を強く出して発音する。

📖 肺から出る空気を閉鎖させた後、その閉鎖を開放しながら息を強く出して発音する。

激音	①②ㅋ	②ㅌ①③	②ㅍ①③④	②ㅊ①③	②ㅎ①③

📖 陽母音の「ㅏ, ㅗ」の組み合わせ

카, 코 (kʰa, kʰo)	타, 토 (tʰa, tʰo)	파, 포 (pʰa, pʰo)	차, 초 (cʰa, cʰo)	하, 호 (ha, ho)

28 첫걸음 韓国語 入門編

5-2	激音と母音の組み合わせ

✏️ 激音と合成母音の組み合わせの書き順

ㅋ + ㅣ	ㅋ + ㅡ	ㅋ + ㅔ	ㅎ + ㅏ	ㅍ + ㅣ	ㅎ + ㅗ + ㅣ
키	크	케	하	피	회

ㅍ + ㅔ	ㅊ + ㅣ	ㅎ + ㅠ	ㅊ + ㅗ + ㅣ	ㅋ + ㅗ	
페	치	휴	최	코	

① 基本母音と激音を合わせた文字を読みながら書きましょう。

子音 ＼ 母音	ㅏ	ㅑ	ㅓ	ㅕ	ㅜ	ㅠ	ㅡ	ㅣ
ㅋ	카	캬	커	켜	쿠	큐	크	키
ㅌ								
ㅍ								
ㅊ								
ㅎ								

② 二重母音と激音を合わせた文字を読みながら書きましょう。

子音 ＼ 母音	ㅐ	ㅒ	ㅔ	ㅖ	ㅘ	ㅚ	ㅙ	ㅞ	ㅝ	ㅟ	ㅢ
ㅋ		캐		케		쾨		퀘		퀴	
ㅌ	태		테		톼		퇘		퉈		틔
ㅍ		패		페		푀		풰		퓌	
ㅊ	채				촤			췌			
ㅎ			헤			화					희

第 5 課 文字 (5) **29**

5-3 単語・語彙

① 単語を読みながら覚えましょう。 10

1. 키 (身長)	12. 코코아 (ココア)	23. 트로피 (トロフィー)
2. 카메라 (カメラ)	13. 코 (鼻)	24. 피하다 (避ける)
3. 카페 (カフェ)	14. 타다 (乗る、燃える)	25. 후회 (後悔)
4. 케이크 (ケーキ)	15. 토마토 (トマト)	26. 피아노 (ピアノ)
5. 크기 (大きさ)	16. 표 (切符、表)	27. 휴대 (携帯)
6. 카세트 (カセット)	17. 파티 (パーティ)	28. 피로 (疲労)
7. 커지다 (大きくなる)	18. 휴가 (休暇)	29. 취미 (趣味)
8. 캐나다 (カナダ)	19. 페이지 (ページ)	30. 후배 (後輩)
9. 카드 (カード)	20. 최초 (最初)	31. 회비 (会費)
10. 카레 (カレー)	21. 하루 (一日)	32. 추가 (追加)
11. 커피 (コーヒー)	22. 피부과 (皮膚科)	33. 치과 (歯科)

② 次の単語の意味を書き、その単語を2回ずつ書きましょう。

単語	意味	1回	2回
1. 키			
2. 카메라			
3. 카페			
4. 케이크			
5. 크기			
6. 카세트			
7. 커지다			
8. 캐나다			
9. 피로			
10. 취미			
11. 후배			
12. 회비			
13. 추가			
14. 치과			

③ 次の単語の意味を書き、その単語を2回ずつ書きましょう。

単語	意味	1回	2回
1. 카드			
2. 카레			
3. 커피			
4. 코코아			
5. 코			
6. 타다			
7. 토마토			
8. 표			
9. 파티			
10. 휴가			
11. 페이지			
12. 최초			
13. 하루			
14. 피부과			
15. 트로피			
16. 피하다			
17. 후회			
18. 피아노			
19. 휴대			

第6課

文字 (6)

濃音・농음

6-1 濃音

1 濃音「ㄲ, ㄸ, ㅃ, ㅆ, ㅉ」　🎧11

濃音	発音記号	発音
①② ㄲ [ssang-giyeog]	[kk]	「カ行」は息を出さずに発音する。 例「까」は日本語の「サッカー」の「ッカ」
①③ ②ㄸ④ [ssang-digwit]	[tt]	「タ、テ、ト行」は息を出さずに発音する。 例「따」は日本語の「あった」の「った」
③②⑤⑥ ①ㅃ⑦ ④⑧ [ssang-bieup]	[pp]	「パ行」は息を出さずに発音する。 例「빠」は日本語の「いっぱい」の「っぱ」
①③ ㅆ ②④ [ssang-sios]	[ss]	「サ行」は息を出さずに発音する。 例「싸」は日本語の「どっさり」の「っさ」
①③ ㅉ ②④ [ssang-jieuj]	[jj]	「チャ行」は息を出さずに発音する。 例「짜」は日本語の「まっちゃ」の「っちゃ」

📖 喉の筋肉を緊張させて息を出さずに発音する。

濃音	ㄲ	ㄸ	ㅃ	ㅆ	ㅉ

📖 陽母音の「ㅏ, ㅗ」の組み合わせ

까, 꼬 (kka, kko)	따, 또 (tta, tto)	빠, 뽀 (ppa, ppo)	싸, 쏘 (ssa, sso)	짜, 쪼 (jja, jjo)

32 첫걸음 韓国語 入門編

6-2	濃音と母音の組み合わせ

✏️ 濃音と合成母音の組み合わせの書き順

ㄲ + ㅣ	ㄲ + ㅡ	ㄲ + ㅔ	ㄸ + ㅏ	ㄸ + ㅕ	ㄸ + ㅗ
끼	끄	께	따	뗘	또

ㅃ + ㅔ	ㅃ + ㅣ	ㅆ + ㅠ	ㅆ + ㅛ	ㅉ + ㅡ	
뻬	삐	쓔	쏘	쯔	

① 基本母音と濃音を合わせた文字を読みながら書きましょう。

母音 子音	ㅏ	ㅑ	ㅓ	ㅕ	ㅗ	ㅛ	ㅜ	ㅠ	ㅡ	ㅣ
ㄲ	까									끼
ㄸ		땨							뜨	
ㅃ			뻐					뿌		
ㅆ				써			쑤			
ㅉ				쪼	쬬					

✏️ 濃音と合成母音の組み合わせの書き順

ㄲ + ㅐ	ㄲ + ㅒ	ㄲ + ㅖ	ㄸ + ㅗ + ㅏ	ㄸ + ㅜ + ㅔ	ㅃ + ㅗ
깨	꺠	꼐	똬	뛔	뽀

ㅃ + ㅗ + ㅣ	ㅆ + ㅗ + ㅐ	ㅆ + ㅜ + ㅔ	ㅉ + ㅜ + ㅓ	ㅉ + ㅡ + ㅣ	
뾔	쐐	쒜	쭤	찍	

② 合成母音と濃音を合わせた文字を読みながら書きましょう。

母音 子音	ㅐ	ㅒ	ㅔ	ㅖ	ㅘ	ㅚ	ㅙ	ㅞ	ㅝ	ㅟ	ㅢ
ㄲ						꾀					
ㄸ					똬		때				
ㅃ			뻬					뿀			
ㅆ			쎄							쒸	
ㅉ		째								쮜	

第 6 課 文字 (6)　**33**

6-3	単語・語彙

① 単語を読みながら覚えましょう。　🎧 12

1. 까마귀 (カラス)	12. 빠지다 (落ちる、抜ける)	23. 또 (また、再び)
2. 까치 (カササギ)	13. 따라서 (したがって、よって)	24. 싸다 (安い、包む)
3. 끼 (素質、才能)	14. 빠르다 (速い)	25. 띠 (干支)
4. 깨뜨리다 (割る)	15. 싸우다 (戦う)	26. 쓰레기 (ゴミ)
5. 깨다 (覚める)	16. 때로 (時々)	27. 뛰어가다 (走って行く)
6. 꺼내다 (取り出す)	17. 짜요 (塩辛いです)	28. 뼈 (骨)
7. 끄다 (消す)	18. 찌다 (太る、肉がつく)	29. 짜다 (塩辛い)
8. 꼬리 (しっぽ)	19. 찌개 (チゲ、鍋物)	30. 때리다 (殴る)
9. 꾸미다 (飾る)	20. 쏘다 (刺す、打つ)	31. 쓰기 (書き取り)
10. -씨 (-氏)	21. 뜨거워지다 (熱くなる)	32. 쓰다 (書く、使う)
11. 토끼 (ウサギ)	22. 떠나다 (去る、発つ)	33. 메뚜기 (バッタ)

② 次の単語の意味を書き、その単語を 2 回ずつ書きましょう。

単語	意味	1 回	2 回
1. 까마귀			
2. 까치			
3. 끼			
4. 깨뜨리다			
5. 깨다			
6. 꺼내다			
7. 끄다			
8. 꼬리			
9. 꾸미다			
10. -씨			
11. 또			
12. 빠지다			
13. 따라서			
14. 빠르다			
15. 싸우다			

34 첫걸음 韓国語 入門編

③ 次の単語の意味を書き、その単語を2回ずつ書きましょう。

単語	意味	1回	2回
1. 때로			
2. 짜요			
3. 찌다			
4. 찌개			
5. 쏘다			
6. 뜨거워지다			
7. 떠나다			
8. 토끼			
9. 싸다			
10. 띠			
11. 쓰레기			
12. 뛰어가다			
13. 뼈			
14. 짜다			
15. 때리다			
16. 쓰기			
17. 쓰다			
18. 메뚜기			

第6課 文字 (6) **35**

1 発音記号練習

基本母音と子音を組み合わせた文字を書きましょう。

母音 / 子音	ㅏ [a]	ㅑ [ya]	ㅓ [eo]	ㅕ [yeo]	ㅗ [o]	ㅛ [yo]	ㅜ [u]	ㅠ [yu]	ㅡ [eu]	ㅣ [i]
ㄱ [k/g]	가 [ka]	갸 [kya]	거 [keo]	겨 [kyeo]	고 [ko]	교 [kyo]	구 [ku]	규 [kyu]	그 [keu]	기 [ki]
ㄴ [n]										니 [ni]
ㄷ [t/d]									드 [teu]	
ㄹ [r]								류 [ryu]		
ㅁ [m]							무 [mu]			
ㅂ [p/b]						뵤 [pyo]				
ㅅ [s/ʃ]					소 [so]					
ㅇ [ng]				여 [ngyeo]						
ㅈ [j]			저 [jeo]							
ㅊ [cʰ]		챠 [cʰya]								
ㅋ [kʰ]	카 [kʰa]									
ㅌ [tʰ]		탸 [tʰya]								
ㅍ [pʰ]			퍼 [pʰeo]							
ㅎ [h]				혀 [hyeo]						

첫걸음 韓国語 入門編

2 **発音記号練習**

合成母音と子音を組み合わせた文字を書きましょう。

母音 / 子音	ㅐ [ae]	ㅒ [yae]	ㅔ [e]	ㅖ [ye]	ㅘ [wa]	ㅙ [wae]	ㅚ [we]	ㅝ [wo]	ㅞ [we]	ㅟ [wi]	ㅢ [ui]
ㄱ [k/g]	개 [kae]	걔 [kyae]	게 [ke]	계 [kye]	과 [kwa]	괘 [kwae]	괴 [kwe]	궈 [kwo]	궤 [kwe]	귀 [kwi]	긔 [kui]
ㄴ [n]		냬 [nyae]									
ㄷ [t/d]			데 [te]								
ㄹ [r]				례 [rye]							
ㅁ [m]					뫄 [mwa]						
ㅂ [p/b]						봬 [pwae]					
ㅅ [s/ʃ]							쇠 [swe]				
ㅈ [j]								줘 [jwo]			
ㅇ [ng]									웨 [ngwe]		
ㅋ [kʰ]										퀴 [kʰwi]	
ㅌ [tʰ]											틔 [tʰui]
ㅍ [pʰ]										퓌 [pʰwi]	
ㅊ [tʰ]									췌 [tʰwe]		
ㅎ [h]								훠 [hwo]			

第 6 課 文字 (6)

※ 終声（パッチム7個）の発音

📖 子音「ㄱ（キウク）、ㄴ（ニウン）、ㄷ（ティグッ）、ㄹ（リウル）、ㅁ（ミウム）、ㅂ（ピウプ）、ㅅ（シオッ）、ㅇ（イウン）、ㅈ（ジウッ）、ㅊ（チウッ）、ㅋ（キウック）、ㅌ（ティウッ）、ㅍ（ピウプ）、ㅎ（ヒウッ）、ㄲ（サンギヨク）、ㄸ（サンティグッ）、ㅃ（サンピウプ）、ㅆ（サンシオッ）、ㅉ（サンジウッ）」の19個ある。

📖 子音19個

ㄱ	ㄴ	ㄷ	ㄹ	ㅂ	ㅁ	ㅅ	ㅇ	ㅈ	ㅋ	ㅌ	ㅊ	ㅍ	ㅎ
ㄲ		ㄸ		ㅃ		ㅆ		ㅉ					

📖 終声パッチムの音は「ㄱ（キウク）」、「ㄴ（ニウン）」、「ㄷ（ティグッ）」、「ㄹ（リウル）」、「ㅁ（ミウム）」、「ㅂ（ピウプ）」、「ㅇ（イウン）」の7つの子音で発音する。

発音7個 (발음7개)

ㄱ	ㄴ	ㄷ	ㄹ	ㅁ	ㅂ	ㅇ

※ 終声（パッチム7個）の発音

発音	記号	字母
ㄱ	[k]	ㄱ, ㅋ, ㄲ, ㄺ, ㄳ
ㄴ	[n]	ㄴ, ㄵ, ㄶ
ㄷ	[t]	ㄷ, ㅌ, ㅅ, ㅆ, ㅈ, ㅊ, ㅎ
ㄹ	[r]	ㄹ, ㄾ, ㄼ, ㄽ, ㅀ
ㅁ	[m]	ㅁ, ㄻ
ㅂ	[p]	ㅂ, ㅍ, ㄿ, ㄼ, ㅄ
ㅇ	[ng]	ㅇ

38 첫걸음 韓国語 入門編

第7課　文字 (7)

終声（パッチム）のㄱ [k/g]

7-1　終声（パッチム）の「ㄱ [k/g]」発音

📖 終声（パッチム）の発音記号「ㄱ [k/g]」

ㄱ [k/g] 닭 [talg]　각 [tak]	ㄱ, ㅋ, ㄳ, ㄹ, ㄲ	ㄱ [kiyeok]

終声（パッチム）「ㄱ」は日本語で「サッカー」の「っ」とほぼ同じ。 舌の裏側を上げて口蓋に付けた後、閉じた音で発音する。			
例　기역 → 기역	부엌 → 부억	닭 → 닥	밖 → 박	넋 → 넉

📖 終声にくる「ㄱ, ㅋ, ㄳ, ㄹ, ㄲ」はすべて ㄱ [kiyeok] と発音する。

✏️ 終声（パッチム）「ㄱ [k/g]」の書き順

ㄱ + ㅣ + ㅇ + ㅕ + ㄱ	ㅂ + ㅜ + ㅇ + ㅓ + ㅋ	ㄷ + ㅏ + ㄹ
기역	부엌	닭
ㅂ + ㅏ + ㄲ	ㄴ + ㅓ + ㄳ	ㄲ + ㅏ + ㅁ + ㅉ + ㅏ + ㄱ
밖	넋	깜짝

① 単語を読みながら覚えましょう。　🎧13

1. 기역 (キヨッ)	6. 쌍기역 (サンギヨク)	11. 몫 (分、役割)
2. 키읔 (キウク)	7. **닭고기** (鶏肉)	12. 행복 (幸福、幸せ)
3. **지각** (遅刻)	8. **대학** (大学)	13. 책 (本)
4. **부엌** (台所)	9. 깜박 (うっかり)	14. **떡볶이** (トッポッキ)
5. 밖 (外)	10. 깜짝 (びっくり)	15. 빈대떡 (チヂミ)

② 「"ㄱ" パッチム」の発音を書きましょう。

例 부엌 (부억)

1. 지각 ( )	5. 닭 ( )	9. 빈대떡 ( )
2. 몫 ( )	6. 떡 ( )	10. 떡볶이 ( )
3. 닭고기 ( )	7. 부엌 ( )	11. 국 ( )
4. 밖 ( )	8. 깜짝 ( )	12. 책 ( )

③ 前の②から単語を選び、文章を完成させましょう。

1. 저는 ( )를 좋아해요.	* 私は鶏肉が好きです。
2. 겨울에 ( ) 시험이 있어요.	* 冬に大学の試験があります。
3. ( )는 매워요.	* トッポキは辛いです。
4. 엄마가 ( )을 만들어 주세요.	* ママがチヂミを作ってくれます。
5. 큰 소리가 나서 ( ) 놀랐어요.	* 大きな音がしてびっくりしました。
6. 학교를 매일 ( )하다.	* 学校に毎日遅刻する。
7. 약속을 ( ) 잊었어요.	* 約束をうっかり忘れました。
8. ( )을 읽다.	* 本を読む。
9. ( )에서 요리해요.	* 台所で料理します。

④ 次の単語の意味を書き、その単語を2回ずつ書きましょう。

単語	意味	1回	2回
1. 진흙			
2. 국			
3. 지각			
4. 부엌			
5. 밖			
6. 쌍기역			
7. 닭고기			
8. 대학			
9. 깜박			
10. 깜짝			
11. 몫			
12. 행복			
13. 책			
14. 떡볶이			
15. 빈대떡			

第8課 文字 (8)

終声（パッチム）のㄴ [n]

8-1 終声（パッチム）の「ㄴ [n]」発音

📖 終声（パッチム）の発音記号「ㄴ [n]」

ㄴ [n] 손 [son]　많 [man]	ㄴ, ㄵ, ㄶ	ㄴ [nieun]

終声（パッチム）の「ㄴ」は日本語で「けんこう」の「ん」とほぼ同じ。 舌先が上の歯の後ろの歯茎に触れることで発音する。		
例 　　　눈 → 눈	앉으세요 → 안즈세요	신인 → 시닌

📖 終声にくる「ㄴ, ㄵ, ㄶ」はすべて ㄴ [nieun] で発音する。

✏️ 終声（パッチム）「ㄴ [n]」の書き順

ㄴ + ㅜ + ㄴ	아 + ㄵ	ㅇ + ㅗ + ㅣ + ㄴ + ㅅ + ㅗ + ㄴ
눈	앉	왼손

① 単語を読みながら覚えましょう。　🎧14

1. 니은 (ニウン)	10. 라면 (ラーメン)	19. 연예인 (芸能人)
2. 왼손 (左手)	11. 유람선 (遊覧船)	20. 응원 (応援)
3. 눈 (雪、目)	12. 원인 (原因)	21. 오른손 (右手)
4. 돈 (お金)	13. 전화번호 (電話番号)	22. 오랜만 (久しぶり)
5. 산 (山)	14. 손수건 (ハンカチ)	23. 질문 (質問)
6. 신문 (新聞)	15. 인구 (人口)	24. 핸드폰 (携帯電話)
7. 일본 (日本)	16. 게시판 (掲示板)	25. 습관 (くせ、習慣)
8. 의문 (疑問)	17. 연인 (恋人)	26. 한문 (漢文)
9. 앉다 (座る)	18. 칠판 (黒板)	27. 운전 (運転)

② 「"ㄴ" パッチム」の発音を書きましょう。

例 많다 (만타)

1. 산　（　　　）	6. 주문　（　　　　）	11. 오랜만　（　　　　）
2. 돈　（　　　）	7. 인구　（　　　　）	12. 운전　（　　　　）
3. 손　（　　　）	8. 순두부（　　　　）	13. 앉　（　　　　）
4. 한　（　　　）	9. 만두　（　　　　）	14. 일본　（　　　　）
5. 반지（　　　）	10. 시간　（　　　　）	15. 한문　（　　　　）

③ 例から単語を選んで文章を完成させましょう。

例

1. 눈 (雪、目)	6. 원인 (原因)	11. 앉으세요 (座りなさい)
2. 앉다 (座る)	7. 인천 (仁川)	12. 연예인 (芸能人)
3. 많이 (たくさん)	8. 신원 (身元)	13. 외국인 (外国人)
4. 연인 (恋人)	9. 운전 (運転)	14. 일본 (日本)
5. 칠판 (黒板)	10. 직원 (職員)	15. 창문 (窓)

1. 밖에 (　　　　)이 많이 내려요.	＊外に雪がたくさん降ります。
2. 한국 친구가 (　　　　) 있어요.	＊韓国の友達がたくさんいます。
3. 한국은 (　　　　)공항이 제일 커요.	＊韓国は仁川空港が一番大きいです。
4. 회사에 (　　　　)이 천 명 정도 있어요.	＊会社に職員が千人ぐらいいます。
5. (　　　　)은 비행기로 2시간 정도 걸려요.	＊日本は飛行機で2時間ぐらいかかります。
6. 더워요. (　　　　)을 열으세요.	＊暑いです。窓を開けてください。
7. (　　　　) 친구가 있어요.	＊外国人の友達がいます。
8. 의자에 (　　　　).	＊椅子に座りなさい。
9. (　　　　)을 조심하세요.	＊運転に気を付けてください。
10. 어제 (　　　　)을 봤어요.	＊昨日、芸能人を見ました。

42　첫걸음 韓国語 入門編

④ 次の単語の意味を書き、その単語を 2 回ずつ書きましょう。

単語	意味	1回	2回
1. 니은			
2. 왼손			
3. 눈			
4. 돈			
5. 산			
6. 신문			
7. 일본			
8. 의문			
9. 앉다			
10. 라면			
11. 유람선			
12. 원인			
13. 전화번호			
14. 손수건			
15. 인구			
16. 게시판			
17. 연인			
18. 칠판			
19. 연예인			
20. 응원			
21. 오른손			
22. 오랜만			
23. 질문			
24. 핸드폰			
25. 습관			
26. 한문			
27. 운전			

第 8 課 文字 (8)

第9課 文字（9）

終声（パッチム）のㄷ [t/d]

9-1 終声（パッチム）の「ㄷ [t/d]」発音

📖 終声（パッチム）の発音記号「ㄷ [t/d]」

ㄷ [t/d] 곧 [kot]　끝 [kkeut]	ㄷ, ㅌ, ㅎ, ㅅ, ㅆ, ㅈ, ㅊ	ㄷ [tigeut]

終声（パッチム）の「ㄷ」は日本語で「やった」の「っ」とほぼ同じ。 舌先が上の歯の後ろの歯茎に触れることで発音する。						
例	옷→옫	끝→끋	있→읻	빛→빋	빚→빋	곧→곧	히읗→히은

📖 終声にくる「ㄷ, ㅌ, ㅎ, ㅅ, ㅆ, ㅈ, ㅊ」はすべて ㄷ [tigeut] で発音する。

✏️ 終声（パッチム）「ㄷ [t/d]」の書き順

ㄱ+ㅗ+ㄷ	ㄲ+ㅗ+ㅊ	ㅂ+ㅏ+ㅌ	ㅇ+ㅣ+ㅆ+ㄷ+ㅏ
곧	꽃	밭	있다

① 単語を読みながら覚えましょう。 15

1. **디귿**（ディグッ）	9. 시옷（シオッ）	17. 젓가락（箸）
2. 옷（服）	10. **밭**（畑）	18. **여섯**（六、ろく）
3. **빛**（光）	11. 꽃（花）	19. 여럿（多数）
4. **빚**（借金）	12. 젖다（ぬれる）	20. 엿（飴）
5. 빗（くし）	13. 지읒（ジウッ）	21. 뜻（意思、意味）
6. 낯（顔）	14. 쌍시옷（サンシオッ）	22. 햇빛（日差し）
7. 낮（昼）	15. 치읓（チウッ）	23. 짓다（作る）
8. 티읕（ティウッ）	16. **히읗**（ヒウッ）	24. 몇몇（何人、少し）

44　첫걸음 韓国語 入門編

25. 다섯 (五、ご)	29. 잘못 (誤り)	33. 웃다 (笑う)
26. 맛 (味)	30. 곧 (すぐ)	34. 잔디밭 (芝生)
27. **있다** (ある)	31. 맞추다 (合わせる)	35. 옛 (昔)
28. 멋지다 (素敵だ)	32. 맺다 (結ぶ)	36. 쫓아내다 (追い出す)

② 「"ㄷ" パッチム」の発音を書きましょう。

例 밭 (받)

1. 맛있어요 (　　　)	5. 넷　 (　　　)	9. 그릇 (　　　)
2. 옷　 (　　　)	6. 맡기다 (　　　)	10. 꽃　 (　　　)
3. 빛　 (　　　)	7. 곧　 (　　　)	11. 치읓 (　　　)
4. 빚　 (　　　)	8. 맞추다 (　　　)	12. 맛　 (　　　)

③ 例から単語を選んで文章を完成させましょう。

例

1. 넷 (四)	6. 맛 (味)	11. 맞벌이 (共働き)
2. 곧 (すぐ)	7. 햇빛 (日差し)	12. 치읓 (チウッ)
3. 빚 (借金)	8. 그릇 (器)	13. 맞추다 (合わせる)
4. 낮 (昼)	9. 엿 (飴)	14. 맡기다 (預ける)
5. 빗 (くし)	10. 꽃 (花)	15. 맛있어요 (おいしいです)

1. 한국 음식은 (　　　　　　　).	* 韓国料理はおいしいです。
2. (　　　) 도착합니다.	* すぐ到着します。
3. 사업에 실패해서 조금 (　　　)이 있어요.	* 事業に失敗して少し借金があります。
4. 오늘 날씨는 (　　　)이 쨍쨍하네요.	* 今日の天気は日差しが強いですね。
5. (　　　)을 바닥에 떨구어 깨뜨렸어요.	* 器を床に落として割りました。
6. 형제가 (　　　) 있어요.	* 兄弟が4人います。
7. 세탁소에 옷을 (　　　　　).	* クリーニング屋に服を預けました。
8. (　　　)에 밥을 먹고 잤어요.	* 昼にご飯を食べて寝ました。
9. 동생 부부는 (　　　　　)해요.	* 弟夫婦は共働きです。

第9課 文字 (9)　**45**

④ 次の単語の意味を書き、その単語を 2 回ずつ書きましょう。

単語	意味	1回	2回
1. 옷			
2. 빛			
3. 빚			
4. 빗			
5. 낯			
6. 낮			
7. 잔디밭			
8. 옛			
9. 밭			
10. 꽃			
11. 젖다			
12. 젓가락			
13. 여섯			
14. 여럿			
15. 엿			
16. 뜻			
17. 햇빛			
18. 짓다			
19. 몇몇			
20. 다섯			
21. 맛			
22. 있다			
23. 멋지다			
24. 잘못			
25. 곧			
26. 맞추다			
27. 맺다			
28. 웃다			

第10課 文字 (10)

終声（パッチム）のㄹ [r/l]

10-1 終声（パッチム）の「ㄹ [r/l]」発音

📖 終声（パッチム）の発音記号「ㄹ [r/l]」

ㄹ [r/l] 달 [tal]　딸 [ttal]　곬 [kols]	ㄹ, ㄼ, ㄽ, ㄾ, ㅀ	ㄹ [rieul]

終声（パッチム）の「ㄹ」は日本語の「ラ」とは異なり、舌先が上の歯の後ろに軽く歯茎に付けたまま発音する。					
例	말 → 말	외곬 → 외골	핥다 → 할따	여덟 → 여덜	싫다 → 실타

📖 終声にくる「ㄹ, ㄼ, ㄽ, ㄾ, ㅀ」はすべてㄹ [rieul] で発音する。

✏️ 終声（パッチム）「ㄹ [r/l]」の書き順

ㅅ + ㅣ + ㄹ	ㅁ + ㅏ + ㄹ	ㅂ + ㅏ + ㄹ	ㅇ + ㅗ + ㅣ + ㄱ + ㅗ + ㄽ
실	말	발	외곬

① 単語を読みながら覚えましょう。　16

1. 리을（リウル）	11. 건설（建設）	21. 골목길（路地）
2. 실수（ミス、失敗）	12. 말투（言葉遣い）	22. 열쇠（鍵、キー）
3. 맨발（素足）	13. 거절（拒絶、拒否）	23. **핥다**（なめる）
4. 실례（失礼）	14. 걸레질（雑巾がけ）	24. **싫다**（嫌い）
5. **메일**（メール）	15. **외곬**（一筋）	25. 열차（列車）
6. 맏아들（長男）	16. 열다（開く、開ける）	26. 식물（植物）
7. 맏딸（長女）	17. 거실（リビングルーム）	27. **넓다**（広い）
8. 출발（出発）	18. 환불（払い戻し）	28. 식생활（食生活）
9. 썰다（切る）	19. 거울（鏡）	29. 걸다（掛ける）
10. 오늘（今日）	20. 쌀（米）	30. 만년필（万年筆）

第10課 文字 (10)　47

② 「"ㄹ" パッチム」の発音を書きましょう。

例 싫다 (실타)

| 1. 지하철 ( ) | 3. 열차 ( ) | 5. 메일 ( ) |
| 2. 겨울 ( ) | 4. 외곬 ( ) | 6. 골목길 ( ) |

③ 上の②から単語を選び、文章を完成させましょう。

1. 아침 ( )은 사람이 많아요.	* 朝の地下鉄は人が多いです。
2. 선생님으로부터 ( )이 왔어요.	* 先生からメールが来ました。
3. 밤에는 ( )이 무서워요.	* 夜には路地が怖いです。
4. 밤 ( )을 타고 고향에 가요.	* 夜の列車に乗って故郷に帰ります。
5. ( )은 눈이 많이 와서 싫어요.	* 冬は雪がたくさん降っていやです。

④ 次の単語の意味を書き、その単語を2回ずつ書きましょう。

単語	意味	1回	2回
1. 실수			
2. 맨발			
3. 실례			
4. 메일			
5. 아들			
6. 맏딸			
7. 출발			
8. 건설			
9. 말투			
10. 거절			
11. 걸레질			
12. 외곬			
13. 만년필			
14. 거실			
15. 거울			
16. 열쇠			

첫걸음 韓国語 入門編

第11課	# 文字 (11)

終声（パッチム）の ㅁ [m]

11-1 終声（パッチム）の「ㅁ [m]」発音

📖 終声（パッチム）の発音記号「ㅁ [m]」

ㅁ [m] 삶 [salm] 금 [keum]	ㅁ, ㄹㅁ	ㅁ [mieum]

終声（パッチム）の「ㅁ」は日本語の「マ」とは少し異なる。 唇を付けたまま発音される。	
例　　마음 → 마음	옮기다 → 옴기다

📖 終声にくる「ㅁ, ㄹㅁ」はすべて ㅁ [mieum] で発音する。

✏️ 終声（パッチム）「ㅁ [m]」の書き順

ㅅ + ㅏ + ㄹㅁ	ㅂ + ㅗ + ㅁ	ㅂ + ㅏ + ㅁ	ㅂ + ㅏ + ㄹ + ㅇ + ㅡ + ㅁ
삶	봄	밤	발음

① 単語を読みながら覚えましょう。　🎧17

1. 미음（ミウム）	13. **옮기다**（移す、運ぶ）	25. 입금（入金）
2. 여름（夏）	14. 금（金）	26. 모음（母音）
3. 발음（発音）	15. 밤（夜、栗）	27. 장단점（長所と短所）
4. 어젯밤（昨夜）	16. 참기름（ゴマ油）	28. 양심（良心）
5. 전문점（専門店）	17. 자신감（自信感、自信）	29. 장난감（おもちゃ）
6. 자음（子音）	18. 차이점（異なる点、差異点）	30. 작품（作品）
7. 봄（春）	19. 한숨（一休み、ため息、一息）	31. 김（海苔、キム）
8. **마음**（心）	20. 삶（生きる）	32. 그럼（では）
9. 의심（疑い）	21. 점점（だんだん）	33. 장학금（奨学金）
10. 체험（体験）	22. 조심（用心、注意）	34. 게임（ゲーム、遊び）
11. 추첨（抽選）	23. 조림（煮物、煮つけ）	35. 기침（咳）
12. 젊다（若い）	24. 중고품（中古品）	36. 감（柿）

② 「"ㅁ" パッチム」の発音を書きましょう。

例 옮기다 (옴기다)

1. 마음 ( )	4. 장학금 ( )	7. 전문점 ( )
2. 자음 ( )	5. 몸조심 ( )	8. 자신감 ( )
3. 봄 ( )	6. 작품 ( )	9. 삶 ( )

③ 上の②から単語を選んで、文章を完成させましょう。

1. 동생은 학교에서 ( )을 받았습니다.	* 弟は学校で奨学金をもらいました。
2. ( )은 19개입니다.	* 子音は19個です。
3. 선배가 미술 ( )전을 엽니다.	* 先輩が美術作品展を開きます。
4. ( )에서 가방을 샀어요.	* 専門店で鞄を買いました。
5. ( )이 오면 벚꽃을 볼 수 있어요.	* 春が来たら桜を見られます。
6. 날씨가 덥습니다. ( ) 하세요.	* 天気が暑いです。体に気をつけてください。

④ 次の単語の意味を書き、その単語を2回ずつ書きましょう。

単語	意味	1回	2回
1. 여름			
2. 발음			
3. 어젯밤			
4. 전문점			
5. 자신감			
6. 봄			
7. 마음			
8. 의심			
9. 체험			
10. 추첨			
11. 젊다			
12. 조심			
13. 장학금			

50 첫걸음 韓国語 入門編

第12課	# 文字 (12)
	終声（パッチム）の ㅂ [p/b]

12-1 終声（パッチム）の「ㅂ [p/b]」発音

📖 終声（パッチム）の発音記号「ㅂ [p/b]」

ㅂ [p/b] 옆 [yeop]　밥 [pab]	ㅂ, ㅍ, ㄼ, ㄿ, ㅄ	ㅂ [pieub]

終声（パッチム）の「ㅂ」は日本語で「ひっこし」の「っ」とほぼ同じ。 唇を閉じたままに発音する。				
例　입 → 입	잎 → 입	값 → 갑	읊다 → 읍따	밟다 → 밥따

📖 終声にくる「ㅂ, ㅍ, ㄼ, ㄿ, ㅄ」はすべて ㅂ [pieub] で発音する。

✏️ 終声（パッチム）「ㅂ [p/b]」の書き順

ㄱ + ㅏ + ㅄ	ㄷ + ㅓ + ㄼ	ㅂ + ㅏ + ㅂ	ㅁ + ㅜ + ㄹ + ㅡ + ㅍ
값	덟	밥	무릎

① 単語を読みながら覚えましょう。　🎧18

1. 비읍 （ビウプ）	10. 꽃집 （花屋）	19. 사용법 （使用料）
2. 찬밥 （冷や飯）	11. 깻잎 （エゴマの葉）	20. **값** （値段）
3. 없다 （ない）	12. 사업 （事業）	21. 작업 （作業）
4. **여덟** （八）	13. 비빔밥 （ビビンバ）	22. **읊다** （詠む）
5. **잎** （葉っぱ）	14. 시끄럽다 （うるさい）	23. 법 （法律）
6. **입** （口）	15. 커피숍 （コーヒーショップ）	24. 복습 （復習）
7. 앞 （前）	16. 옆 （隣）	25. 무덥다 （蒸し暑い）
8. 무릎 （ひざ）	17. 구입 （購入）	26. 문법 （文法）
9. 집 （家）	18. 무렵 （頃）	27. 수집 （収集）

第 12 課 文字 (12)　51

② 「"ㅂ" パッチム」の発音を書きましょう。

例 앞 (압)

| 1. 찬밥 (   ) | 3. 문법 (   ) | 5. 옆 (   ) |
| 2. 값 (   ) | 4. 무릎 (   ) | 6. 꽃집 (   ) |

③ 上の②から単語を選んで文章を完成させましょう。

1. 저는 자주 ( )을 먹어요.	* 私はよく冷や飯を食べます。
2. ( )이 아파요.	* 膝が痛いです。
3. 제 ( )에 강아지가 있어요.	* 私の横に子犬がいます。
4. 언니는 ( )을 해요.	* お姉さんは花屋をしています。
5. ( )이 비싸요.	* 値段が高いです。
6. 한국어 ( )은 어려워요.	* 韓国語の文法は難しいです。

④ 次の単語の意味を書き、その単語を2回ずつ書きましょう。

単語	意味	1回	2回
1. 복습			
2. **값**			
3. 없다			
4. **여덟**			
5. **잎**			
6. **입**			
7. 앞			
8. 무릎			
9. 집			
10. 꽃집			
11. 깻잎			
12. 사업			
13. 작업			
14. 시끄럽다			
15. 커피숍			

52　첫걸음 韓国語 入門編

第13課	# 文字 (13)

終声（パッチム）の○ [ng]

13-1 終声（パッチム）の「○ [ng]」発音

📖 終声（パッチム）の発音記号「○ [ng]」

○ [ng] 강 [kang]　앙 [ang]	○ [ieung]

終声（パッチム）の「○」は日本語で「うんこう（運行）」の「ん」とほぼ同じ。
舌の裏側で口蓋の奥を閉じて鼻に空気を流して発音する。＊前にパッチム「○」が
来る場合はそのまま発音する。

例	강아지 → 강아지	영어 → 영어	고양이 → 고양이

📖 終声にくる「○」は [ieung] で発音する。

✏️ 終声（パッチム）「○ [ng]」の書き順

ㅈ＋ㅜ＋○	○＋ㅕ＋○	ㅂ＋ㅏ＋○	ㅎ＋ㅡ＋ㅣ＋ㅁ＋ㅏ＋○
중	영	방	희망

① 単語を読みながら覚えましょう。　　　　　　　　　　🎧19

1. 이응（イウン）	10. 중상（病状）	19. 중요성（重要性）
2. 현장（現場）	11. 연장（延長）	20. 채팅（チャット）
3. 처방（処方）	12. 최종（最終）	21. 짝사랑（片思い）
4. 희망（希望）	13. 첫인상（第一印象）	22. 팀장（チーム長）
5. 찬성（賛成）	14. 강아지（子犬）	23. 영어（英語）
6. 채용（採用）	15. 초청장（招待状）	24. 꼬리곰탕（牛テールスープ）
7. 창문（窓）	16. 청구서（請求書）	25. 해수욕장（海水浴場）
8. 중앙（中央）	17. 고양이（ネコ）	26. 회의장（会議場）
9. 증가（増加）	18. 증명서（証明書）	27. 영수증（領収書）

第13課 文字 (13)　**53**

28. 흥미 (興味)	31. 연상 (年上)	34. 여성 (女性)
29. 엉망 (めちゃくちゃ)	32. 출생 (出生)	35. 여고생 (女子高生)
30. 고등학생 (高等学生)	33. 태양 (太陽)	36. 풍경 (風景)

② 「"ㅇ" パッチム」の発音と意味を書きましょう。

例 고양이 (고양이)

1. 희망 ( )	5. 연장 ( )	9. 중앙 ( )
2. 영어 ( )	6. 엉망 ( )	10. 강아지 ( )
3. 처방 ( )	7. 영수증 ( )	11. 증명서 ( )
4. 채용 ( )	8. 팀장 ( )	12. 초청장 ( )

③ 上の②から単語を選んで、文章を完成させましょう。

1. 가게에서 ( )을 받아요.	* 店から領収書をもらいます。
2. 병원에서 ( )을 받았어요.	* 病院で処方をもらいました。
3. 회사에서 ( ) 연락이 왔어요.	* 会社で採用連絡がありました。
4. 올해부터 ( )입니다.	* 今年からチーム長です。
5. 내일은 ( )시험이에요.	* 明日は英語試験です。
6. 오사카역 ( )에서 봬요.	* 大阪駅の中央で会いましょう。
7. ( )은 언제예요?	* 延長がいつですか。
8. 성적 ( )가 필요해요.	* 成績証明書が必要です。

④ 次の単語の意味を書き、その単語を2回ずつ書きましょう。

単語	意味	1回	2回
1. 처방			
2. 희망			
3. 찬성			
4. 채용			
5. 창문			
6. 중앙			
7. 영어			
8. 영수증			
9. 강아지			

カナとハングルの表記

平仮名 = ハングル <語頭・語中>										
あ [아] **아**	か [가] **카**	さ [사] **사**	た [다] **타**	な [나] **나**	は [하] **하**	ま [마] **마**	や [야] **야**	ら [라] **라**	わ [와] **와**	ん [응] **응**
い [이] **이**	き [기] **키**	し [시] **시**	ち [지] **치**	に [니] **니**	ひ [히] **히**	み [미] **미**	い [이] **이**	り [리] **리**		
う [우] **우**	く [구] **쿠**	す [스] **스**	つ [쓰] **츠**	ぬ [누] **누**	ふ [후] **후**	む [무] **무**	ゆ [유] **유**	る [루] **루**		
え [에] **에**	け [게] **케**	せ [세] **세**	て [데] **테**	ね [네] **네**	へ [헤] **헤**	め [메] **메**	え [에] **에**	れ [레] **레**		
お [오] **오**	こ [고] **코**	そ [소] **소**	と [도] **토**	の [노] **노**	ほ [호] **호**	も [모] **모**	よ [요] **요**	ろ [로] **로**	を [오] **오**	

が [가] **가**	ざ [자] **자**	だ [다] **다**	ば [바] **바**	ぱ [파] **파**	きゃ [갸] **캬**	きゅ [규] **큐**	きょ [교] **쿄**	りゃ [랴] **랴**	ぎゃ [갸] **갸**	ぎゅ [규] **규**	ぎょ [교] **교**
ぎ [기] **기**	じ [지] **지**	ぢ [지] **지**	び [비] **비**	ぴ [피] **피**	しゃ [샤] **샤**	しゅ [슈] **슈**	しょ [쇼] **쇼**	りゅ [류] **류**	じゃ [자] **자**	じゅ [주] **주**	じょ [조] **조**
ぐ [구] **구**	ず [즈] **즈**	づ [즈] **즈**	ぶ [부] **부**	ぷ [푸] **푸**	ちゃ [자] **차**	ちゅ [주] **추**	ちょ [조] **초**	りょ [료] **료**	びゃ [뱌] **뱌**	びゅ [뷰] **뷰**	びょ [뵤] **뵤**
げ [게] **게**	ぜ [제] **제**	で [데] **데**	べ [베] **베**	ぺ [페] **페**	にゃ [냐] **냐**	にゅ [뉴] **뉴**	にょ [뇨] **뇨**	みゃ [먀] **먀**	ぴゃ [퍄] **퍄**	ぴゅ [퓨] **퓨**	ぴょ [표] **표**
ご [고] **고**	ぞ [조] **조**	ど [도] **도**	ぼ [보] **보**	ぽ [포] **포**	ひゃ [하] **햐**	ひゅ [휴] **휴**	ひょ [효] **효**	みゅ [뮤] **뮤**	みょ [묘] **묘**		

例

木村さくら	키무라 사쿠라	大阪	오사카
藤川明子	후지가와 아키코	神戸	고베
田中理恵	다나카 리에	京都	교토
江坂幸子	에사카 사치코	東京	도쿄

① 名前と都市の名前をハングルで書いてみましょう。

1. 平川あゆみ	答:	6. 横浜	答:
2. ヒロミ	答:	7. 奈良	答:
3. 竹原ひやし	答:	8. 名古屋	答:
4. 原ひてき	答:	9. 福岡	答:
5. 小林あら	答:	10. 富士山	答:

例

三ノ宮	산노미야
木村愛	키무라 아이
金 ソラ	김 소라

② 自分が住んでいる町とか家族や友達の名前をハングルで自由に書いてみましょう。

| 1. |
| 2. |
| 3. |
| 4. |
| 5. |

第14課

会話 (1)

私の名前はキム・チョルスです。
제 이름은 김철수입니다.

제 이름은 김철수입니다. = 私の名前はキム・チョルスです。

📖 안녕하세요.

김철수	안녕하세요.
다나카 아미	네. 안녕하세요.
마이클 잭슨	안녕하세요.
김철수	제 이름**은** 김철수**입니다**.
김철수	만나서 반갑습니다.
김철수	당신의 이름은 무엇입니까?
다나카 아미	저**는** 다나카 아미**라고 합니다**.
다나카 아미	만나서 반갑습니다.
마이클 잭슨	저는 마이클 잭슨**이라고 합니다**.
마이클 잭슨	반갑습니다.

📖 こんにちは。

キム・チョルス	こんにちは。
田中あみ	はい、こんにちは。
マイケル・ジャクソン	こんにちは。
キム・チョルス	私の名前**は**キム・チョルス**です**。
キム・チョルス	お会いできて嬉しいです。
キム・チョルス	あなたの名前は何ですか。
田中あみ	私**は**田中あみ**と申します**。
田中あみ	お会いできて嬉しいです。
マイケル・ジャクソン	私はマイケル・ジャクソン**と申します**。
マイケル・ジャクソン	会えて嬉しいです。

📖 単語・語彙

입니다	です	김철수	キム・チョルス
입니까?	ですか?	안녕하세요?	こんにちは
선생님	先生	안녕하세요	こんばんは
학생	学生	마이클 잭슨	マイケル・ジャクソン
다나카 아미	田中あみ	만나서 반갑습니다	お会いできて嬉しいです
여러분	皆さん	반갑습니다	会えて嬉しいです
이름은	名前は	응	うん、ええ
저는	私は	아니요	いいえ
저/제	私	안녕	じゃあ、さよなら、こんにちは
무엇	何	성함	お名前
네	はい	당신의	あなたの
기쁘다	嬉しい	-(이)라고 합니다	〜と申します

💡 14-1.「-은/는」「〜は」   *助詞

「-은/는」は主題で表す助詞、物事を他のものと区別した時に表すのに使われる。

-은	-는
後ろに子音が来るとき	後ろに母音が来るとき
パッチムがあるとき	パッチムがないとき

パッチムあり「-은」		パッチムなし「-는」	
할아버님	おじいさま	할머니	おばあさん
형님	お兄さん	여자 친구	彼女
동생	弟/妹	여자	女
창문	窓	남자	男
한국 사람	韓国人	언니	姉
일본 사람	日本人	의자	椅子
미국 사람	アメリカ人	나무	木
필통	筆箱	전화	電話
중국	中国	구두	靴
주차장	駐車場	바다	海
역	駅	열쇠	鍵

첫걸음 韓国語 入門編

1 助詞「-은/는」を使って練習してみよう。

① 「-은/는」のどちらかを選び、（　）の中に書きましょう。

例 가 : 선생님(은)　　先生(は)　　　　나 : 친구(는)　　友達(は)

1. 연필　　（　）	鉛筆	7. 시계　　（　）	時計
2. 칠판　　（　）	黒板	8. 공책　　（　）	ノート
3. 아빠　　（　）	パパ	9. 노트북　（　）	ノートパソコン
4. 볼펜　　（　）	ボールペン	10. 안경집　（　）	眼鏡ケース
5. 텔레비전（　）	テレビ	11. 지우개　（　）	消しゴム
6. 화장품　（　）	化粧品	12. 책가방　（　）	ランドセル

② 次の単語の意味を書き、その単語を 2 回ずつ書きましょう。

単語	意味	1 回	2 回
1.　할아버님			
2.　형님			
3.　동생			
4.　창문			
5.　한국 사람			
6.　일본 사람			
7.　미국 사람			
8.　필통			
9.　할머니			
10. 여자 친구			
11. 여자			
12. 남자			
13. 언니			
14. 의자			
15. 나무			
16. 전화			
17. 선생님			
18. 학생			
19. 이름은			
20. 저는			
21. 네			
22. 기쁘다			
23. 바다			

第 14 課 会話 (1)　59

2 会話を読みながら覚えよう。 🎧 21

1. 무슨 수업입니까?
   何の授業ですか。
2. 한복 체험 문화 수업입니다.
   韓服体験の文化授業です。
3. 남학생입니까?
   男子学生ですか。
4. 네. 남자입니다.
   はい。男です。
5. 여자입니까?
   女ですか。
6. 네. 여자입니다.
   はい。女です。

한복체험 문화수업

💡 14-2.「N + -입니다/입니까?」「N + 〜です/ですか」　　*文法・格助詞

N + 後ろに「-입니다/입니까?」を使うと丁寧なことばになる。

<평서형> -입니다	<平叙形> 〜です
<의문형> -입니까?	<疑問形> 〜ですか

1 「N + -입니다/입니까?」を使って練習してみよう。

N + -입니다/입니까?			
어느 나라 사람	どこの国の人	미국 사람	アメリカ人
한국 사람	韓国人	캐나다 사람	カナダ人
중국 사람	中国人	프랑스 사람	フランス人
베트남 사람	ベトナム人	영국 사람	イギリス人
독일 사람	ドイツ人	일본 사람	日本人
필리핀 사람	フィリピン人	호주 사람	オーストラリア人

① 「-은/는」のどちらかを選び（ ）に書きましょう。

1. 당신(　　) 한국 사람입니까?	訳: あなたは韓国人ですか。
2. 친구(　　) 두 명입니다.	訳: 友達は二人です。
3. 구두(　　) 없습니다.	訳: 靴はないです。
4. 여동생(　　) 없어요.	訳: 妹はいないです。
5. 한국어(　　) 쉬워요.	訳: 韓国語は簡単です。

② 「-입니다/-입니까?」のどちらかを選んで（　）の中に書き、日本語に訳しましょう。

例 가: 일본 사람(입니까)?　　　日本人ですか。
　　나: 네. 일본 사람(입니다).　　はい。日本人です。

1. 당신은 한국 사람(　　　　)?	訳:
2. 네. 한국 사람(　　　　)	訳:
3. 엄마는 베트남 사람(　　　　)	訳:
4. 여동생은 프랑스 사람(　　　　)?	訳:
5. 아니요. 중국 사람(　　　　)	訳:
6. 당신은 어느 나라 사람(　　　　)?	訳:
7. 저는 인도 사람(　　　　)	訳:

③ 「-은/는」「-입니다/-입니까?」を（　）の中に書きましょう。

例 ・영어 선생님(은) 한 분입니까?　　英語の先生(は)一人ですか。
　　・친구(는) 한 명입니다.　　友達(は)一人です。

1. 형(　) 상냥한 사람(　　　　)	兄は優しい人です。
2. 언니(　) 네 명(　　　　)	お姉さんは4人です。
3. 프랑스 선생님(　) 두 명(　　　　)?	フランスの先生は2人ですか。
4. 화장실(　) 여기(　　　　)	トイレはここです。
5. 편의점(　) 저기(　　　　)?	コンビニはあそこですか。
6. 아빠(　) 의사(　　　　)	パパは医者です。

2 会話を読みながら覚えよう。

1. 아버지는 일본 사람입니까?	訳: 父は日本人ですか。
2. 저는 한국 사람입니다.	訳: 私は韓国人です。
3. 친구는 필리핀 사람입니다.	訳: 友達はフィリピン人です。
4. 영어 선생님은 스위스 사람입니다.	訳: 英語先生はスイス人です。
5. 댄스 강사는 대학생입니다.	訳: ダンス講師は大学生です。

第14課 会話 (1)　61

💡 14-3.「N + -(이)라고 합니다」「N + ～と申します」　*文法

本人の名前または紹介を人の前で言う時に使う。

N+라고 합니다	N+이라고 합니다
後ろに母音が来るとき	後ろに子音が来るとき
パッチムがないとき	パッチムがあるとき

1「N + -(이)라고 합니다」を使って練習してみよう。

N+-라고 합니다	N+-이라고 합니다
1. 김미라라고 합니다.	1. 클릭이라고 합니다.
2. 정유미라고 합니다.	2. 케빈이라고 합니다.
3. 나카무라 유라라고 합니다.	3. 오혜란이라고 합니다.
4. 다나카라고 합니다.	4. 존슨이라고 합니다.
5. 야마다라고 합니다.	5. 왕빈이라고 합니다.
6. 박하나라고 합니다.	6. 미정이라고 합니다.
7. 요시다라고 합니다.	7. 장정이라고 합니다.

① 「-라고 합니다/-이라고 합니다」のどちらかを選び (　) の中に書きましょう。

例 가: 김혜영(이라고 합니다).　　キム・ヘヨンと申します。
　　 나: 이소라(라고 합니다).　　　イ・ソラと申します。

1. 정하영(　　　　　　　　)	訳: チョン・ハヨンと申します。
2. 여동수(　　　　　　　　)	訳: ヨ・ドンスと申します。
3. 진(　　　　　　　　)	訳: チンと申します。
4. 하야시(　　　　　　　　)	訳: 林と申します。
5. 기무라(　　　　　　　　)	訳: 木村と申します。
6. 태민(　　　　　　　)	訳: テミンと申します。
7. 히야(　　　　　　　)	訳: ヒヤと申します。
8. 존(　　　　　　　)	訳: ジョンと申します。
9. 존슨(　　　　　　　　)	訳: ジョンスンと申します。

62　첫걸음 韓国語 入門編

第15課 会話 (2)

明洞ではありません。・명동이 아닙니다.

명동이 아닙니다. = 明洞ではありません。

명동이 아닙니다.

나카무라	안녕하세요?
이미영	네. 안녕하세요.
나카무라	**여기가 명동**입니까?
이미영	아니요. 명동**이 아닙니다**.
나카무라	그럼 여기는 어디입니까?
이미영	여기는 남대문입니다.
나카무라	그래요. 그럼 명동은 어디입니까?
이미영	명동은 저기입니다.
나카무라	네. 감사합니다.

明洞ではありません。

中村	こんにちは。
イ・ミヨン	はい、こんにちは。
中村	**ここが明洞（ミョンドン）**ですか。
イ・ミヨン	いいえ、明洞（ミョンドン）**ではありません**。
中村	では、ここはどこですか。
イ・ミヨン	ここは南大門です。
中村	そうですか。それなら、明洞（ミョンドン）はどこですか。
イ・ミヨン	明洞（ミョンドン）はあそこです。
中村	はい、ありがとうございます。

📖 単語・語彙

나카무라	中村	저기가	あそこが
이미영	イ・ミヨン	그럼	では、それなら、それとも
네	はい	-이/가 아닙니다	～ではありません
아니요	いいえ	무엇입니까?	何ですか。
명동	明洞（ミョンドン）	감사합니다	ありがとうございます
어디	どこ	그래요?	そうですか?
아	あ	있어요(까)?	あります(か)/います(か)。
이것은	これは	있습니다(까)?	あります(か)/います(か)。
무엇	何	여기는	ここは
동대문	東大門	남대문	南大門

💡 15-1.「-이/가」「～が」 *助詞

韓国語の助詞の主格になる。

-이	-가
後ろに子音が来るとき	後ろに母音が来るとき
パッチムがあるとき	パッチムがないとき

１「-이/가」を使って練習してみよう。

パッチムあり「-이」		パッチムなし「-가」	
졸업	卒業	여기	ここ
서점	書店	가게	店
명동	明洞	고등학교	高等学校
남대문	南大門	영화	映画
지구촌	地球村	초등학교	小学校
무엇	何	운동화	運動靴
도서관	図書館	부부	夫婦
동대문	東大門	지도	地図

첫걸음 韓国語 入門編

2 会話を読みながら覚えよう。

도서관

1. 서점입니까? 書店ですか。
2. 서점이 아닙니다. 書店ではありません。
3. 가게입니까? 店ですか。
4. 가게가 아닙니다. 店ではありません。
5. 선생님이 변호사입니까? 先生が弁護士ですか。
6. 변호사가 아닙니다. 弁護士ではありません。

① 次の単語の意味を書き、その単語を2回ずつ書きましょう。

単語	意味	1回	2回
1. 졸업			
2. 서점			
3. 명동			
4. 남대문			
5. 지구촌			
6. 무엇			
7. 도서관			
8. 동대문			
9. 여기			
10. 가게			
11. 고등학교			
12. 영화			
13. 초등학교			
14. 운동화			
15. 부부			
16. 지도			
17. 변호사			
18. -아닙니다			
19. 영화관			

第15課 会話(2)　65

② (　)の中に「-이/가」のどちらかを選んで書きましょう。

例　가: 친구(가)　友達(が)　　　나: 선생님(이)　先生(が)

1. 사과　(　)	りんご	6. 가지　(　)	なすび	11. 새　(　　)	鳥
2. 사진　(　)	写真	7. 오이　(　)	キュウリ	12. 약　(　　)	薬
3. 부엌　(　)	台所	8. 까마귀 (　)	カラス	13. 머리 (　　)	頭
4. 공부　(　)	勉強	9. 치마　(　)	スカート	14. 노래 (　　)	歌
5. 돈지갑 (　)	財布	10. 참새　(　)	スズメ	15. 꽃　(　　)	花

③ (　)の中に「-이/가」を書き、日本語に訳しましょう。

例　가: 연필(이) 아닙니다.　　　　鉛筆ではありません。
　　나: 지우개(가) 아닙니다.　　　消しゴムではありません。

1. 남대문 시장(　　) 아닙니다.	訳:
2. 달력(　　) 아닙니다.	訳:
3. 방(　　) 아닙니다.	訳:
4. 人参ではありません。	訳:
5. 車ではありません。	訳:

💡　**15-2.「-이/가 아닙니다(까?)」「〜ではありません（か）」**　　　＊文法

N + 後ろに「-이/가 아닙니다」は否定になり、「-이/가 아닙니까?」を使うと疑問文になる。

-이 아닙니다	-가 아닙니다
後ろに子音が来るとき	後ろに母音が来るとき
パッチムがあるとき	パッチムがないとき

パッチムあり「-이 아닙니다(까?)」	パッチムなし「-가 아닙니다(까?)」
1. 달력이 아닙니까? 　カレンダーではありませんか。	1. 다리가 아닙니다. 　足（橋）ではありません。
2. 수첩이 아닙니다. 　手帳ではありません。	2. 세탁비누가 아닙니다. 　洗濯石鹸ではありません。
3. 꽃이 아닙니다. 　花ではありません。	3. 종이가 아닙니다. 　紙ではありません。

66　첫걸음 韓国語 入門編

1 「–이/가 아닙니다(까?)」を使って練習してみよう。

① 「–이/가 아닙니다」のどちらかを選び（　）の中に書きましょう。

例 가: 선생님(이 아닙니다).　　　先生ではありません。
　　나: 변호사(가 아닙니까)?　　弁護士ではありませんか。

1. 중국어 수업(　　　　　　　)	訳: 中国語の授業ではありません。
2. 마우스(　　　　　　　)	訳: マウスではありません。
3. 결석(　　　　　　　)	訳: 欠席ではありません。
4. 주소(　　　　　　　)	訳: 住所ではありません。
5. 병원(　　　　　　　)	訳: 病院ではありません。
6. 연구생(　　　　　　　)	訳: 研究生ではありません。
7. 펜(　　　　　　　)	訳: ペンではありません。
8. 입시(　　　　　　　)	訳: 入試ではありません。
9. 접시(　　　　　　　)	訳: 皿ではありません。

② 韓国語を日本語に訳しましょう。

例 가: 医者ではありません。　　　의사가 아닙니다.
　　나: メガネではありませんか。　안경이 아닙니까?

1. 컴퓨터가 아닙니다.	訳:
2. 핸드폰이 아닙니다.	訳:
3. 숙제가 아닙니다.	訳:
4. 중국 영화가 아닙니다.	訳:
5. 호텔이 아닙니까?	訳:
6. 자전거가 아닙니까?	訳:

☼ 15-3. 「이・그・저」 지시대명사 「こ・そ・あ」の指示代名詞

「こ・そ・あ」の指示代名詞。指示代名詞は物や場所代わりに指示する。

이		그		저	
これ	이것	それ	그것	あれ	저것
これは	이것은/이건	それは	그것은/그건	あれは	저것은/저건
これが	이것이/이게	それが	그것이/그게	あれが	저것이/저게
これを	이것을/이걸	それを	그것을/그걸	あれを	저것을/저걸
この	이	その	그	あの	저
ここ	여기	そこ	거기	あそこ	저기
ここに	여기에	そこに	거기에	あそこに	저기에

第 15 課 会話 (2)　**67**

1. これは何ですか。	이것은 무엇입니까?
2. それは何ですか。	그것은 무엇입니까?
3. あれは何ですか。	저것은 무엇입니까?
4. あれが韓国の地図ではありませんか。	저것이 한국지도가 아닙니까?
5. あそこは大阪城ではありませんか。	저기는 오사카성이 아닙니까?
6. あの方は会社員ではありませんか。	저분은 회사원이 아닙니까?
7. ここに何かありますか。	여기에 뭐가 있습니까?
8. そこに何かありますか。	거기에 뭐가 있습니까?
9. あそこに何かありますか。	저기에 뭐가 있습니까?

1 「이・그・저」を使って練習してみよう。

① 例のように日本語に訳してみましょう。

例	가: 이것은 컵이 아닙니다.	나: 저것은 수첩입니까?	다: 이걸 주세요.
	これはコップではありません。	あれは手帳ですか。	これをください。

参考：靴下、手袋、ハンカチ、ノート、内科医師、食堂、外科、布団、水、スーパー、幼稚園、
マッコリ

1. 이것은 무엇입니까?	訳:
2. 저것은 양말이 아닙니다.	訳:
3. 그것은 장갑이 아닙니까?	訳:
4. 이것은 손수건이 아닙니다.	訳:
5. 저것은 노트가 아닙니다.	訳:
6. 저분은 내과 의사가 아닙니다.	訳:
7. 저기는 식당이 아닙니다.	訳:
8. 여기는 외과가 아닙니다.	訳:
9. 이것이 이불입니까?	訳:
10. 이것은 물이 아닙니다.	訳:
11. 거기가 슈퍼입니까?	訳:
12. 아니요. 슈퍼가 아닙니다.	訳:
13. 거기는 유치원이 아닙니다.	訳:
14. 저것은 막걸리가 아닙니다.	訳:

第16課 会話 (3)

職業が何ですか。・직업이 뭐예요?

직업이 뭐예요? = 職業が何ですか。

📖 직업이 뭐예요?

최서린	저는 최서린이에요.
후지다	저는 후지다예요.
최서린	반갑습니다. 후지다씨는 직업이 뭐**예요**?
후지다	저는 교사예요.
최서린	그래요. 저는 대학원 연구생**이에요**.
후지다	그럼 전공이 무엇이에요?
최서린	저는 한국어를 전공하고 있어요. 그리고 한국어를 가르치고 있어요.
후지다	어디서 한국어를 가르쳐요?
최서린	저는 대학**에서** 가르치**고 있습니다**. 그리고 연구생**으로** 공부하고 있어요.
후지다	네. 알겠습니다. 감사합니다.

📖 職業が何ですか。

チェ・ソリン	私はチェ・ソリンです。
藤田	私は藤田です。
チェ・ソリン	会えて嬉しいです。藤田さんは職業が何ですか。
藤田	私は教師です。
チェ・ソリン	そうですか。私は大学院の研究生です。
藤田	それなら、専攻が何ですか。
チェ・ソリン	私は韓国語を専攻しています。そして韓国語を教えています。
藤田	どこで韓国語を教えていますか。
チェ・ソリン	私は大学で教え**ています**。そして研究生で勉強しています。
藤田	はい。わかりました。ありがとうございます。

📖 単語・語彙

후지다	藤田	그래요(?)	そうです(か)
최서린	チェ・ソリン	가르치다	教える
-예요	〜です	가르쳐요(?)	教えてます(か)
-이에요	〜です	가르치고	教えて
그리고	そして	공부	勉強
직업	職業	고등학교/고교	高等学校/高校
-씨	〜さん	-에서	〜で
일어/일본어	日本語	감사합니다	ありがとうございます
한국어	韓国語	알겠습니다	わかりました
연구생	研究生	뭐/무엇	何（代名詞）
저는	私は	뭐/무엇이에요?	何ですか。
전공	専攻	어디서	どこで
대학원	大学院	하다/해/하고	*補助動詞 する/して
대학	大学	있습니다/있어요	あります/います
교사	教師	그런데	しかし、ところで、でも

💡 16-1.「-예요/-이에요(?)」「〜です/-ですか」　　　　*文法

会話のときによく使われる。

-예요(?)	-이에요(?)
後ろに子音が来るとき	後ろに母音が来るとき
パッチムがないとき	パッチムがあるとき

パッチムなし「-예요(?)」		パッチムあり「-이에요(?)」	
최소라	チェ・ソラ	유치원	幼稚園
몇 학년	何年生	교실	教室
동아리 친구	部活の友達	교장실	校長室
의사	医者	회장실	会長室
경영학부	経営学部	교무실	教務室
치과	歯医者・歯科	학생	学生
경제학과	経済学科	미술관	美術館
가게	店	공부방	勉強部屋
숙제	宿題	토론	討論

70　첫걸음 韓国語 入門編

1 「-예요/-이에요?」を使って練習してみよう。

① 次の単語の意味を書き、その単語を2回ずつ書きましょう。

単語	意味	1回	2回
1. 직업			
2. 고등학교			
3. 동아리 친구			
4. 의사			
5. 경영학부			
6. 치과			
7. 경제학과			
8. 가게			
9. 숙제			
10. 유치원			
11. 교실			
12. 교장실			
13. 회장실			
14. 몇 학년			
15. 수업			
16. 미술관			
17. 공부방			
18. 토론			
19. 연구생			
20. 영어			
21. 일어			
22. 한국어			
23. 전공			
24. 대학			

第16課 会話(3)　**71**

② 「-예요/-이에요(?)」のどちらかを選んで書きましょう。

例 가: 반지(예요).　　指輪です。
　　나: 신문(이에요)?　新聞ですか。

1. 종이 (紙) ＿＿＿	8. 보험 (保険) ＿＿＿	15. 간장 (醤油) ＿＿＿
2. 된장 (味噌) ＿＿＿	9. 아들 (息子) ＿＿＿?	16. 소금 (塩) ＿＿＿
3. 종 (鐘) ＿＿＿	10. 기름 (油) ＿＿＿	17. 다시마 (昆布) ＿＿＿
4. 주식 (株) ＿＿＿?	11. 저 (私) ＿＿＿	18. 회사원 (会社員) ＿＿＿
5. 금 (金) ＿＿＿	12. 지도 (地図) ＿＿＿	19. 상추 (サンチュ) ＿＿＿
6. 깨 (ごま) ＿＿＿	13. 편지 (手紙) ＿＿＿	20. 교실 (教室) ＿＿＿?
7. 돈 (お金) ＿＿＿	14. 절 (お寺) ＿＿＿	21. 한글 (ハングル) ＿＿＿

③ 「-예요/-이에요(?)」のどちらかを選んで書き、日本語に訳しましょう。

例 가: 꽃이에요.　　花です。
　　나: 구두예요?　　靴ですか。

参考：あなたの、本、私、お父さん、書斎、勉強部屋、個人、数学、新聞記者

1. 당신의 책(　　　　　)?	訳:
2. 제 연필(　　　　　)	訳:
3. 아버지의 서재(　　　　　)	訳:
4. 저의 공부방(　　　　　)?	訳:
5. 제 개인 수학 선생님(　　　　　)	訳:
6. 신문 기자(　　　　　)	訳:

2 会話を読みながら覚えよう。

1. 여기는 어디예요? ここはどこですか。
2. 교실이에요. 教室です。
3. 무슨 수업이에요? 何の授業ですか。
4. 한국어 수업이에요. 韓国語の授業です。
5. 몇 학년이에요? 何年生ですか。
6. 2학년이에요. 2年生です。

한국어 수업

☼ 16-2.「−에 …に、…へ」、「−에서 …で、…から」　　*助詞 (場所、時間、方向)

「〜に」場所、方向を指示する。
「〜で」その行動が行われる場所を表す。
「〜から」出発点の意を表す。

−에、에서			
한국시장	韓国市場	대학교	大学
쇼핑몰	ショッピングモール	커피숍	コーヒーショップ
빵집	パン屋さん	부엌	台所
백화점	デパート	음악실	音楽室
회사	会社	극장	劇場

1「−에、에서」を使って練習してみよう。

① (　) に「−에、에서」を入れてみましょう。

1. 병원(　　　)	1. 회사(　　　)
2. 미국(　　　)	2. 고양이가 집(　　　)
3. 올림픽이 프랑스(　　　)	3. 가게(　　　)
4. 한국 영화를 영화관(　　　)	4. 학교(　　　)
5. 고향(　　　)	5. 수업이 1시(　　　)

② 日本語訳を読んで (　) に「−에、에서」を書きましょう。

1. 쇼핑몰(　　　) 옷을 봅니다.	ショッピングモールで服をみます。
2. 음악실(　　　) 갑니다.	音楽室に行きます。
3. 화장품이 백화점(　　　) 있습니다.	化粧品が デパートにあります。
4. 커피숍(　　　) 커피를 마십니다.	コーヒーショップでコーヒーを飲みます。
5. 대학교(　　　) 축제가 있어요.	大学で祭りがあります。
6. 친구집(　　　) 고양이가 있어요.	友人の家に猫がいます。
7. 집 근처(　　　) 아이가 놀고 있습니다.	家の近所で子供が遊んでいます。

第16課 会話 (3)　73

🔆 16-3.「-있습니다(까?)/-있어요(?)」「-없습니다(까?)/-없어요(?)」　*文法

「〜あります /〜ありませんか」「います /いませんか」

-있습니다(까?)/-있어요(?)	-없습니다(까?)/-없어요(?)
人や物を表す場合の「いる・ある = 있다」は丁寧な言葉では「있습니다(까?)/있어요(?)」を使います。	人や物を表す場合の「いない・ない = 없다」は丁寧な言葉では「없습니다(까?)/없어요(?)」を使います。

-있습니다(까?) 〜あります（か）	-있어요(?) 〜います（か）	-없습니다(까?) 〜ありません（か）	-없어요(?) 〜いません（か）
거울이 鏡が	고양이가 猫が	팬이 ファンが	접시가 皿が
손시계가 腕時計が	강아지가 犬が	펜이 ペンが	프린트가 プリントが

1. 강아지는 오빠 집에 없어요.	訳: 子犬はお兄さんの家にいません。
2. 나무가 산에 많이 있습니까?	訳: 木が山に沢山ありますか。
3. 벽시계가 교실에 있습니다.	訳: 壁時計が教室にあります。
4. 사전이 책상에 없어요?	訳: 辞書が机にありませんか。

1 「있습니다(까?)/있어요(?)」「없습니다(까?)/없어요(?)」を使って練習してみよう。

① 「있습니다(까?)/있어요(?)」「없습니다(까?)/없어요(?)」を入れて文を完成させましょう。

例 가: 나무에 벌레가 (있습니다).　　木に虫がいます。
　　나: 집에 나무가 (없습니다).　　家に木がありません。

1. 공원에 나비가 (　　　　　　)?	訳: 公園に蝶々がいますか。
2. 화장실에 꽃이 (　　　　　　).	訳: トイレに花があります。
3. 눈사람이 정원에 (　　　　　　).	訳: ⛄雪だるまが庭にありません。
4. 정원에 나무가 (　　　　　　).	訳: 庭に木があります。

② 韓国語を日本語に訳しましょう。

例 가: 우리 집 옆에 새들이 있습니다.　　うちの隣に鳥たちがいます。
　　나: 공원에 강아지가 없습니다.　　公園に子犬がいません。

参考：山、熊、コンビニ、店、猫、友達、ママ

1. 산에 곰이 있습니다.	訳:
2. 집 근처에 편의점이 없습니다.	訳:
3. 부엌에 엄마가 있습니다.	訳:
4. 집에 고양이가 없어요.	訳:

74　첫걸음 韓国語 入門編

第17課 会話 (4)

いつ旅行に行きますか。・언제 여행 가요?

언제 여행 가요? = いつ旅行に行きますか。

📖 언제 여행 가요?

한미나	여행은 언제 가요?
야마모토	네. 여행은 다음 주에 **가요**.
한미나	어디**로** 가요?
야마모토	한국**과** 대만**으로** 가요.
한미나	그래요. 몇 박 며칠로 가요?
야마모토	한국에서 2박**하고** 대만에서 3박하고 일본으로 돌아와요.
한미나	그래요. 네. 그럼 즐거운 여행 되**세요**.
야마모토	네. 연락할게요.
한미나	네. 기다릴게요. 조심해서 다녀오세요.

📖 いつ旅行に行きますか。

ハン・ミナ	旅行はいつ行きますか。
山本	はい。旅行は来週に**行きます**。
ハン・ミナ	どこ**へ**行きますか。
山本	韓国**と**台湾**に**行きます。
ハン・ミナ	そうですか。何泊何日で行きますか。
山本	韓国で2泊して、台湾で3泊して、日本に帰って来ます。
ハン・ミナ	そうですか。はい。では、楽しい旅行に**なってください**。
山本	はい。連絡します。
ハン・ミナ	はい。待ってます。気をつけて行ってらっしゃい。

📖 単語・語彙

한미나	ハン・ミナ	기다리다	待つ
야마모토	山本	기다릴게요	待ってます
여행	旅行	–로/으로	…で、へ
언제	いつ	대만(타이왕)	台湾
가요?	行きますか。	다음 주	来週
연락	連絡	–과/와/하고	〜と
2박/3박	2泊/3泊	다녀오세요	行ってらっしゃい
해서	して	연락하다	連絡する
즐거운	楽しい	연락할게요	連絡します
어디로	どこへ	되세요	なってください
와요	来ます	조심해서	気をつけて
돌아와요	帰って来ます	몇 박 며칠	何泊何日

① 次の単語の意味を書き、その単語を 2 回ずつ書きましょう。

単語	意味	1回	2回
1. 여행			
2. 언제			
3. 언제 가요?			
4. 연락 주세요			
5. 즐거운			
6. 어디**로**			
7. 일본에 돌아와요			
8. 기다리다			
9. 기다릴게요			
10. 대만(타이왕)			
11. 다음 주			
12. 다녀오세요			
13. 연락하다			
14. 연락할게요			
15. 되세요			
16. 돌아와요			
17. 한국			
18. 일본			
19. 몇 박 며칠			

💡 17-1. 해요체　語幹＋「-아요/어요」

"ヘヨ体" 動詞、形容詞の語幹はそのままにして、語尾（最後）を取り −아요/어요 を付ける。「陽母音ㅏ, ㅗ」と「陰母音ㅏ, ㅗ以外」がある。

基本形	語幹	語幹の最後の母音	아요/어요	母音
1. 가다 行く	가	ㅏ → ㅏ　　= 가 + 아	가요 行きます	ㅏ, ㅗ 陽母音
2. 오다 来る	오	ㅗ + ㅏ → ㅘ = 오 + 아	와요 来ます	
3. 서다 立つ	서	ㅓ → ㅓ　　= 서 + 어	서요 立ちます	ㅏ, ㅗの以外 陰母音
4. 되다 なる	되	ㅚ + ㅓ → ㅙ = 되 + 어	돼요 なる	
5. 어렵다 難しい	어렵	ㅜ + ㅓ → ㅝ = 어려 + 우 + 어	어려워요 難しいです	

기본형	-아요/어요(?)	基本形	です / ますか
1. 먹다	먹어요	食べる	食べます
2. 맵다	매워요	辛い	辛いです
3. 맛있다	맛있어요?	おいしい	おいしいです
4. 만나다	만나요	会う	会います
5. 배우다	배워요	学ぶ	学びますか

1 語幹＋「-아요/어요」を使って練習してみよう。

① 基本形を「-아요/어요」で書きましょう。

例 가: 보다　見る
　　나: 봐요　見ます

1. 찾다	答:	5. 자다	答:
2. 입다	答:	6. 일어나다	答:
3. 울다	答:	7. 닦다	答:
4. 타다	答:	8. 열다	答:

第17課 会話 (4)　**77**

② 下線を引いた部文を「-아요/어요」に変えてみましょう。

1. 가방 안에 사전이 있다.	答:
2. 책상에 책이 없다.	答:
3. 얼음이 녹다.	答:
4. 천장이 높다.	答:

2 하다는 縮約して「해요体」になる。「N + する = N + します」

N+する / N+하다		N+します / N+해요	
1. 공부하다	勉強する	공부해요	勉強します
2. 운동하다	運動する	운동해요	運動します
3. 청소하다	掃除する	청소해요	掃除します
4. 일하다	仕事する	일해요	仕事します
5. 얘기하다	話す	얘기해요	話します

① 하다를「해요体」に変えましょう。

例 가: 노래하다.　歌う。　　　　答: 노래해요.　歌います。

1. 미안하다	答:	6. 추가하다	答:
2. 연습하다	答:	7. 노력하다	答:
3. 사랑하다	答:	8. 시작하다	答:
4. 주문하다	答:	9. 포기하다	答:
5. 계산하다	答:	10. 반성하다	答:

② 下線を引いた部分を「해요体」に変えてみましょう。

1. 식당에서 불고기를 주문하다.	答:
2. 후배하고 친하다.	答:
3. 부모에게 효도하다.	答:
4. 수영장에서 수영하다.	答:

첫걸음 韓国語 入門編

🔅 17-2.「−로/으로」「〜で」 (場所・手段) 助詞

場所または手段で使われる。

−로	−으로
後ろに子音が来るとき	後ろに母音が来るとき
パッチムがないとき	パッチムがあるとき
パッチムが「ㄹ」で終わるとき	「ㄹ」以外で終わるとき

「−로」	「−으로」	パッチムが 'ㄹ' で終わるとき「−로」
1. 열차	1. 손	1. 전철
2. 비행기	2. 수건	2. 지하철
3. 자전거	3. 젓가락	3. 맨발
4. 버스	4. 숟가락	4. 발

1「−로/으로」を使って練習してみよう。

① 「−로/으로」のどちらかを選んで文を完成させましょう。

1. 인도 사람은 손(　　　) 밥을 먹어요.
2. 얼굴을 수건(　　　) 닦아요.
3. 젓가락(　　　) 우동을 먹어요.
4. 자전거(　　　) 슈퍼에 가요.
5. 학교를 끝나면 집(　　　) 가요.
6. 전철(　　　) 출퇴근해요.
7. 지하철(　　　) 친구집에 갔어요.

第 17 課 会話 (4)　79

☼ 17-3.「-와/과/하고」「～と」 　　　　　　　　　　　　　　　　（共同）助詞

ある事柄に対して共存することを指すのに使う。

-와	-과	-하고
後ろに母音が来るとき	後ろに子音が来るとき	話を連結するときに使う
パッチムがないとき	パッチムがあるとき	パッチムとは関係ない

パッチムなし「-와」		パッチムあり「-과」		パッチム関係なく「-하고」	
유도	柔道	한국	韓国	손녀	孫娘
골프	ゴルフ	일본	日本	남편	旦那
태권도	テコンドー	당신	あなた	비자	ビザ
탁구	卓球	여권	パスポート	빚	借金
스키	スキー	문법	文法	온천	温泉

1 「-와/과/하고」を使って練習してみよう。

① 「-와」、「-과」、「-하고」の中から選んで（　）に書きましょう。

例 가: 친구(하고)　友達（と）　　　나: 책(과)　本（と）　　　다: 의자(와)　椅子（と）

1. 빗　（　　）	櫛	5. 간장（　　）	醤油	9. 손자　（　　）	孫息子
2. 저　（　　）	私	6. 신문（　　）	新聞	10. 깨소금（　　）	ごま
3. 구두（　　）	靴	7. 사원（　　）	社員	11. 고추장（　　）	コチュジャン
4. 얼굴（　　）	顔	8. 직원（　　）	職員	12. 들기름（　　）	えごま油

② 「-와」、「-과」、「-하고」の中から選んで文を完成させましょう。

1. 여동생（　　　）저는 성격이 비슷해요.	訳: 妹と私は性格が似ています。
2. 떡볶이（　　　）치즈핫도그를 좋아해요.	訳: トッポキとチーズハッドグが好きです。
3. 친구（　　　）사이가 좋아요.	訳: 友達と仲が良いです。
4. 김치（　　　）마늘은 싫어요.	訳: キムチとニンニクは嫌い。

80　첫걸음 韓国語 入門編

17-4. 「-세요/-으세요(?)」 「～ください」「～なさい」「～されます（か）」　文法

語幹の後ろに語尾を取って「-세요」「-(으)세요」をつける。若干、命令形も含まれている。

「-으세요(?)」	「-세요(?)」	*ㄹパッチム脱落「-세요(?)」
語幹の後ろに子音	語幹の後ろに母音	語幹後ろにㄹ
パッチムがある場合	パッチムがない場合	パッチムがㄹ場合

1. 읽다 → 읽+으세요	1. 주다 → 주+세요	1. 울다 → 우+세요
2. 찾다 → 찾+으세요	2. 하다 → 하+세요	2. 살다 → 사+세요
3. 웃다 → 웃+으세요	3. 보다 → 보+세요	3. 열다 → 여+세요?

1 「-세요/-으세요(?)」を使って練習してみよう。

① 下線を引いた部分を「-세요/-으세요(?)」に変えてみましょう。

-세요(?)	-으세요(?)
1. 숙제를 하다.	1. 음악을 듣다.
2. 영화를 보다.	2. 소설책을 읽다.
3. 일기를 쓰다.	3. 전화를 받다.
4. 드라마를 녹화하다.	4. 이산 가족을 찾다.

② 下線を引いた部分を「-세요/-으세요(?)」に変えてみましょう。

例　가: 미국여행을 하다.　　　アメリカ旅行をする。
　　나: 미국여행을 하세요?　　アメリカ旅行をされますか。

1. 꽃에 물을 주다.	꽃에 물을 (　　　　　　　　)
2. 화장실 청소를 하다.	화장실 청소를 (　　　　　　　)?
3. 영화관 안에서 팝콘을 먹다.	영화관 안에서 팝콘을 (　　　　　　)
4. 어머니 옷을 만들다.	어머니 옷을 (　　　　　　)
5. 술이 싫다.	술이 (　　　　　　)?

第17課 会話(4)　81

| 付録 | # 発音の規則活用 |

パッチムがある会話

1 パッチム「ㄱ[k/g]」

韓国語	日本語
1. 수업이 아직 있어요.	1. 授業がまだあります。
2. 계속 공부하세요.	2. ずっと勉強してください。
3. 수학이 어려워요.	3. 数学が難しいです。
4. 겨우 제 몫을 하게 되다.	4. やっと一人前になる。
5. 푹 쉬세요.	5. ゆっくり休んでください。
6. 계속 한국어 공부해요.	6. ずっと韓国語を勉強しています。
7. 약속을 깜빡했어요.	7. 約束をうっかりしました。
8. 진흙으로 집을 짓다.	8. 泥で家を建てる。
9. 학교에 지각했어요.	9. 学校に遅刻しました。
10. 오늘은 추석이에요.	10. 今日は秋夕です。

2 パッチム「ㄴ[n]」

韓国語	日本語
1. 전화번호가 몇 번이에요?	1. 電話番号は何番ですか。
2. 오른손이 아파요.	2. 右手が痛いです。
3. 눈이 좋아요.	3. 雪が好きです。
4. 게시판을 보세요.	4. 掲示板を見なさい。
5. 산이 좋아요.	5. 山が好きです。
6. 오랜만에 한국어 공부를 했어요.	6. 久しぶりに韓国語の勉強をしました。
7. 일본이 좋아요.	7. 日本が好きです。
8. 그만 놀아요.	8. もう遊びません。
9. 선생님께 인사한다.	9. 先生に挨拶する。
10. 저는 매일 한국어 단어를 외워요.	10. 私は毎日韓国語の単語を覚えます。

첫걸음 韓国語 入門編

3 パッチム「ㄷ [t/d]」

韓国語	日本語
1. 디귿입니다.	1. ティグッです。
2. 빚이 있어요.	2. 借金があります。
3. 지우개가 여섯 개 있어요.	3. 消しゴムが六個あります。
4. 낮에 자요.	4. 昼に寝ます。
5. 그릇이 다섯 개 있어요.	5. 器が五つあります。
6. 잘못했어요.	6. すみませんでした。
7. 만화를 보고 웃었어요.	7. 漫画を見て笑いました。
8. 남자친구가 멋지다.	8. 彼氏が素敵だ。
9. 운동화 끈을 매다.	9. スニーカーのひもを結ぶ。
10. 퀴즈를 맞히다.	10. クイズを当てる。

4 パッチム「ㄹ [r/l]」

韓国語	日本語
1. 맏아들이 있어요.	1. 長男がいます。
2. 아들이 착해요.	2. 息子が優しいです。
3. 오늘은 학교가 쉬어요.	3. 今日は学校が休みです。
4. 만년필이 가방 안에 있어요.	4. 万年筆がカバンの中にあります。
5. 가을 하늘을 좋아해요.	5. 秋の空が好きです。
6. 양말을 벗어요.	6. 靴下を脱ぎます。
7. 식생활은 비밀이에요.	7. 食生活は秘密です。
8. 거울을 봐요.	8. 鏡を見ます。
9. 개호(복지) 시설이 집 근처에 있어요.	9. 介護施設が家の近くにあります。
10. 아버님 말씀이 옳아요.	10. お父さんのおっしゃる通りです。

5 パッチム「ㅁ [m]」

韓国語	韓国語
1. 미음입니다.	1. ミウムです。
2. 마음이 아파요.	2. 心が痛いです。
3. 아이가 장난감으로 놀아요.	3. 子供がおもちゃで遊びます。
4. 엄마가 시장에 갔어요.	4. ママが市場に行きました。
5. 감이 맛있어요.	5. 柿がおいしいです。
6. 저는 밤을 좋아해요.	6. 私は栗が好きです。
7. 나물에 참기름을 넣어요.	7. ナムルにゴマ油を入れます。

6 パッチム「ㅂ [p/b]」

韓国語	日本語
1. 교실 안이 시끄럽다.	1. 教室の中がうるさい。
2. 앞에 고양이가 있어요.	2. 前にネコがいます。
3. 커피숍에서 커피를 마셔요.	3. コーヒーショップでコーヒーを飲みます。
4. 야채 값이 비싸요.	4. 野菜の値段が高いです。
5. 슈퍼에서 깻잎을 샀어요.	5. スーパーでエゴマの葉を買いました。
6. 책방에서 책을 구입했어요.	6. 本屋で本を購入しました。
7. 천장이 높다.	7. 天井が高い。
8. 물건을 수입했어요.	8. 品物を輸入しました。
9. 법은 엄하다	9. 法は厳しい。
10. 서류를 재발급 받았다.	10. 書類を再発行してもらった。
11. 우표를 수집한다.	11. 切手を収集する。
12. 옆에 친구가 있다.	12. 隣に友達がいる。
13. 동생이 아홉 살이 되었다.	13. 弟/妹が9歳になった。
14. 서점에서 잡지를 사다.	14. 書店で雑誌を買う。
15. 오늘은 월급날이다.	15. 今日は給料日だ。

7 パッチム「ㅇ [ng]」

韓国語	日本語
1. 건설 현장에서 알바해요.	1. 建設現場でバイトをしています。
2. 회장님은 친절해요.	2. 会長は親切です。
3. 내신 평가가 안 좋아요.	3. 内申評価が良くないです。
4. 사고 때문에 전철이 연착되었다.	4. 事故のため電車が延着した。
5. 표정이 어두워요.	5. 表情が暗いです。
6. 제 동생이 고등학생이에요.	6. 私の弟が高校生です。
7. 오늘 시험은 엉망이다.	7. 今日の試験はめちゃくちゃだ。
8. 한국 문화수업에 흥미가 있어요.	8. 韓国の文化授業に興味があります。
9. 미래의 희망이 보이다.	9. 未来の希望が見える。
10. 혼자서 짝사랑해요.	10. 一人で片思いしています。
11. 성적이 기대된다.	11. 成績が期待される。
12. 가을 풍경은 멋있어요.	12. 秋の風景は素敵です。
13. 무릎에 통증이 와서 아파요.	13. 膝に痛みがあって痛いです。
14. 천장이 낮아요.	14. 天井が低いです。
15. 더워서 짜증나요.	15. 暑くてイライラします。

1 無声音化・有声音化

(1) 무성음과 유성음의 발음（無声音と有声音の発音）

平音の初声「ㄱ, ㄷ, ㅂ, ㅈ」が語頭に来るときは、無声音（清音）になり、語中では有声音（濁音）になる。前は無声音化「ㄱ, ㄷ, ㅂ, ㅈ」＋ 後ろは有声音化「ㄱ, ㄷ, ㅂ, ㅈ」

無声音化の発音		有声音化の発音
고기 (koki)	肉	고기 (kogi)
구두 (kutu)	靴	구두 (kudu)
바다 (pata)	海	바다 (pada)
가구 (kaku)	家具	가구 (kagu)
지도 (cito)	地図	지도 (cido)

2 口蓋音化

(1) 口蓋音化 (구개음화)

口蓋音化はパッチム「ㄷ, ㅌ」が後ろに「이」または「히」が来る場合、「ㅈ, ㅊ」で発音される。

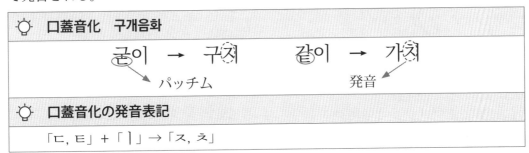

口蓋音化の発音表記

「ㄷ, ㅌ」＋「ㅣ」→「ㅈ, ㅊ」

(2) 口蓋音化の発音

書く	発音
끝이 (終わり)	**끄치**
같이 (一緒に、共に)	**가치**
굳이 (あえて、どうしても)	**구지**
받히다 (突かれる)	**바치다**
밭이 (畑)	**바치**
닫히다 (閉まる)	다치다
핥이다 (なめられる)	**할치다**

3 連音化

連音化は子音の終声（パッチム）で終わる音節に母音「ㅇ」で始まる形式形態素が続くときに終声（パッチム）が後ろにつながっている母音「ㅇ」のところに移動して発音される。終声（パッチム）が「ㅇ」のときにはそのままに発音する。

連音化

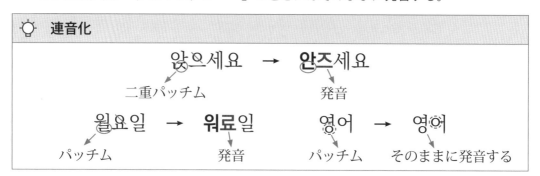

1 連音化の発音練習

単語	日本語	単語 / 発音変化	日本語
1. 한일 → 하닐	韓日	10. 일요일 → 이료일	日曜日
2. 음악 → 으막	音楽	11. 한국이 → 한구기	韓国が
3. 옷이 → 오시	服が	12. 일본이 → 일보니	日本が
4. 젊음 → 절음	若さ	13. 목요일 → 모교일	木曜日
5. 일본어 → 일보너	日本語	14. 금요일 → 그묘일	金曜日
6. 한국어 → 한구거	韓国語	15. 어린이 → 어리니	子供
7. 단어 → 다너	単語	16. 할아버지 → 하라버지	お爺さん
8. 꽃이 → 꼬치	花が	17. 선생님이 → 선생니미	先生が
9. 생일 → 생일	誕生日	18. 일어나다 → 이러나다	起きる

① 連音化の発音を（ ）に書きなさい。

単語	発音	単語	発音
1. 공원（公園）	（　　　）	6. 괜찮아요（大丈夫です）	（　　　）
2. 금연（禁煙）	（　　　）	7. 아침을（朝を）	（　　　）
3. 고양이（猫）	（　　　）	8. 당신은（あなたは）	（　　　）
4. 당일（当日）	（　　　）	9. 돈은（お金は）	（　　　）
5. 동안（間）	（　　　）	10. 삶은 계란（ゆで卵）	（　　　）

4 濃音化

📖 濃音化は終声パッチム「ㄱ, ㄷ, ㅂ」の次に「ㄱ, ㄷ, ㅂ, ㅅ, ㅈ」が続くとき、「ㄲ, ㄸ, ㅃ, ㅆ, ㅉ」と発音される。

💡 濃音化	
숙제 → 숙쩨	식당 → 식땅
パッチム	発音
땀벌이 → 맏뻐리	약속 → 약쏙 팥죽 → 판쭉
パッチム	発音

💡 濃音化の発音表記	
パッチム「ㄱ, ㄷ, ㅂ」	「ㄱ, ㄷ, ㅂ, ㅅ, ㅈ」→「ㄲ, ㄸ, ㅃ, ㅆ, ㅉ」

① 濃音化の終声（パッチム）を読みながら正しい発音を書きましょう。

1. 약사（薬剤師）	（　　　　）	6. 약국（薬局）	（　　　　）
2. 먹다（食べる）	（　　　　）	7. 약속（約束）	（　　　　）
3. 오곡밥（五穀ご飯）	（　　　　）	8. 떡도（餅も）	（　　　　）
4. 싶다（したい）	（　　　　）	9. 식당（食堂）	（　　　　）
5. 팥죽（小豆粥）	（　　　　）	10. 잡지（雑誌）	（　　　　）

② 上の①から単語を選んで、文章を完成させましょう。

1. 제 직업은（　　　）예요.	* 私の職業は薬剤師です。
2. （　　　）는 종로2가 식당이에요.	* 約束は鍾路二丁目の食堂です。
3. 유명한（　　　）이에요.	* 有名な食堂です。
4. 배가 아파서（　　　）에서 약을 샀어요.	* お腹が痛くて薬局で薬を買いました。
5. （　　　）에 기사가 났어요.	* 雑誌に記事が出ました。
6. 한국에 유학 가고（　　　）.	* 韓国に留学したいです。
7. 김치를（　　　）.	* キムチを食べる。
8. 보름이라서（　　　）을 만들었어요.	* 半月なので五穀ご飯を作りました。
9. （　　　）먹고 싶어요.	* 餅も食べたいです。
10. 한국 식당에 가서（　　　）을 먹었어요.	* 韓国食堂に行って小豆粥を食べました。

付録 87

| 5 | 流音化 |

📖 流音化は「ㄴ」、「ㄹ」または「ㄹ」、「ㄴ」のパッチムが後ろの子音に続くと「ㄹ」で発音される。

💡 **流音化**

신라 → 실라　　　연락 → 열락
　パッチム　　　　　　　　　発音

실내 → **실래**　　　설날 → 설랄
　パッチム　　　　　　　　　発音

💡 **流音化の発音表記**

パッチム「ㄴ」＋「ㄹ」→「ㄹ」＋「ㄹ」
パッチム「ㄹ」＋「ㄴ」→「ㄹ」＋「ㄹ」

① 流音の発音に書きましょう。

1. 설날 (正月)	( )	4. 한라산 (ハルラサン)	( )
2. 난리 (大騒ぎ)	( )	5. 전라도 (全羅道)	( )
3. 한류 (韓流)	( )	6. 편리 (便利)	( )

② 上の①から単語を選んで、文章を完成させましょう。

1. 세계적으로 ( ) 붐이에요.	* 世界的に韓流ブームです。
2. 한국에서는 ( )에 떡국을 먹어요.	* 韓国では正月に餅(トックク)を食べます。
3. 전 세계에서 K-POP 팬들이 ( )났어요.	* 全世界でK-POPファンたちが大騒ぎです。
4. ( )는 제주도에 있어요.	* ハルラサンは済州道にあります。
5. ( )는 비빔밥이 유명해요.	* 全羅道はビビンバが有名です。
6. 교통이 ( )해요.	* 交通が便利です。

88　첫걸음 韓国語 入門編

6	激音化

🔖 激音化のパッチム「ㄱ, ㄷ, ㅂ」＋「ㅎ」→「ㅋ, ㅌ, ㅍ」

💡 激音化：「ㄱ, ㄷ, ㅂ」＋「ㅎ」→「ㅋ, ㅌ, ㅍ」
パッチム「ㄱ, ㄷ, ㅂ」後ろに「ㅎ」が来る場合は発音「ㅋ, ㅌ, ㅍ」に変わる。

축하 → 추카　　　　　따뜻한 → 따뜨탄

　「ㄱ」＋「ㅎ」→「ㅋ」　　　　　「ㅅ/ㄷ」＋「ㅎ」→「ㅌ」

입학 → 이팍　　　　　비슷하다 → 비스타다

　「ㅂ」＋「ㅎ」→「ㅍ」　　　　　「ㅅ/ㄷ」＋「ㅎ」→「ㅌ」

🔖 激音化のパッチム「ㅎ」＋「ㄱ, ㄷ, ㅂ, ㅈ」→「ㅋ, ㅌ, ㅍ, ㅊ」

💡 激音化：「ㅎ」＋「ㄱ, ㄷ, ㅂ, ㅈ」→「ㅋ, ㅌ, ㅍ, ㅊ」
「ㅎ」パッチムが後ろに「ㄱ, ㄷ, ㅂ, ㅈ」が来る場合は発音「ㅋ, ㅌ, ㅍ, ㅊ」に変わる。

좋다 → 조타　　　　　좋지 않고 → 조치 안코

　「ㅎ」＋「ㄷ」→「ㅌ」　　　「ㅎ」＋「ㅈ」→「ㅊ」/「ㄶ/ㅎ」＋「ㄱ」→「ㅋ」

싫다 → 실타　　　　　많고 → 만코

　「ㅀ/ㅎ」＋「ㄷ」→「ㅌ」　　　　　「ㄶ/ㅎ」＋「ㄱ」→「ㅋ」

1 激音化の練習

1. 못하다 (劣る)	모타다	6. 닫히다 (閉まる)	다치다
2. 싫지만 (嫌いだけど)	실치만	7. 싫지 않다 (いやではない)	실치 안타
3. 부탁해 (頼んだ)	부타캐	8. 따듯하다 (暖かい)	따드타다
4. 많다 (多い)	만타	9. 쓰지 않다 (書かない)	쓰지 안타
5. 백화점 (デパート)	배콰점	10. 앉히다 (座らせる)	안치다

① 激音化の発音を書きなさい。

1. 얹히다 (載せられる)		3. 밟히다 (踏まれる)	
2. 받히다 (突かれる)		4. 못해요 (出来ません)	

付録 **89**

7 　鼻音化

📖 鼻音化はパッチム「ㄱ, ㄷ, ㅂ」の後ろに「ㅇ, ㄴ, ㅁ」が来る場合は発音が鼻声になる。

> 💡 **鼻音化**
>
> 입니다 → 임니다　　　　　궁물 → 궁물
>
> ＊パッチム「ㅂ」→「ㅁ」　　　＊パッチム「ㄱ」→「ㅇ」
>
> 첫눈 → 천눈
>
> ＊パッチム「ㅅ」＋＊「ㄷ」→「ㄴ」

1 鼻音化の発音表記

> 💡 **パッチム「ㄱ, ㄷ, ㅂ」→「ㅇ, ㄴ, ㅁ」**
>
> 　　「ㄱ, ㅁ, ㅂ, ㅇ」→「ㄹ」→「ㄴ」

鼻音化

単語・発音変化 「ㄱ」→「ㅇ」	日本語	単語・発音変化 「ㅂ」→「ㅁ」/「ㄷ」→「ㄴ」	日本語
1. 막내 → **망**내	末っ子	6. 감사합니다 → 감사**함**니다	ありがとうございます
2. 작년 → **장**년	昨年	7. 옵니다 → **옴**니다	来ます
3. 국민 → **궁**민	国民	8. 옆만 → **염**만	隣、側、横
4. 학년 → **항**년	学年	9. 이튿날 → 이**튼**날	翌日
5. 입는 → **임**는	着る	10. 받는다 → **반**는다	受け取る

① 鼻音化の発音を書きなさい。

例 가: 콧노래 (鼻歌)　→　콘노래

単語	発音	単語	発音
1. 첫날 (初日)	（　　　）	6. 밥물 (煮抜き)	（　　　）
2. 콧물 (鼻水)	（　　　）	7. 종로 (鍾路) ^{チョンノ}	（　　　）
3. 십년 (十年)	（　　　）	8. 법률 (法律)	（　　　）
4. 앞면 (表)	（　　　）	9. 꽃망울 (蕾) ^{つぼみ}	（　　　）
5. 앞문 (前門)	（　　　）	10. 왕십리역 (ワンシムニ駅)	（　　　）

90　첫걸음 韓国語 入門編

8 「ㄷ」不規則活用と規則活用

(1)「ㄷ」不規則活用

動詞・形容詞が、語幹末パッチム「ㄷ」の後ろ語尾に「-아/어요」、「-(으)세요」が来る場合はパッチム「ㄷ」が「르」に変わる。

| 例 듣다 → 들어요 | 묻다 → 물어요 |

(2)「ㄷ」規則活用

動詞・形容詞が、語幹末パッチム「ㄷ」の後ろ語尾に「아/어요」、「-(으)세요」が来るとき、パッチム「ㄷ」は変わらずそのままになる。

| 例 믿다 → 믿어요 | 받다 → 받아요 |

「ㄷ」불규칙 활용 →「ㄷ」不規則活用

「基本形」	「-(스)ㅂ니다」	「-아/어요」	「-(으)세요」	「-고」
묻다	묻습니다	물어요	물으세요	묻고
걷다	걷습니다	걸어요	걸으세요	걷고
듣다	듣습니다	들어요	들으세요	듣고

「ㄷ」규칙 활용 →「ㄷ」規則活用

「基本形」	「-(스)ㅂ니다」	「-아/어요」	「-(으)세요」	「-고」
받다	받습니다	받아요	받으세요	받고
얻다	얻습니다	얻어요	얻으세요	얻고
닫다	닫습니다	닫아요	닫으세요	닫고
싣다	싣습니다	싣어요	싣으세요	싣고
믿다	믿습니다	믿어요	믿으세요	믿고
맡다	맡습니다	맡아요	맡으세요	맡고

付録 **91**

9 「ㅅ」不規則活用と規則活用

(1)「ㅅ」不規則活用

動詞・形容詞が、語幹末パッチム「ㅅ」の後ろ語尾に「-아/어요」、「-(으)세요」が来るとき、パッチム「ㅅ」が脱落する。

例 낫다 → 나아요	짓다 → 지어요

(2)「ㅅ」規則活用

動詞・形容詞が、語幹末パッチム「ㅅ」の後ろ語尾に「아/어요」、「-(으)세요」が来るとき、パッチム「ㅅ」は脱落しないでそのままになる。

例 * 웃다 → 웃어요	빗다 → 빗어요

「ㅅ」불규칙 활용 → 「ㅅ」不規則活用

「基本形」	「-(스)ㅂ니다」	「-아/어요」	「-(으)세요」	「-고」
짓다	짓습니다	지어요	지으세요	짓고
낫다	낫습니다	나아요	나으세요	낫고
붓다	붓습니다	부어요	부으세요	붓고
잇다	잇습니다	이어요	이으세요	잇고
긋다	긋습니다	그어요	그으세요	긋고
젓다	젓습니다	저어요	저으세요	젓고

「ㅅ」규칙 활용 → 「ㅅ」規則活用

「基本形」	「-(스)ㅂ니다」	「-아/어요」	「-(으)세요」	「-고」
웃다	웃습니다	웃어요	웃으세요	웃고
솟다	솟습니다	솟아요	솟으세요	솟고
빗다	빗습니다	빗어요	빗으세요	빗고

첫걸음 韓国語 入門編

10 「ㅂ」不規則活用と規則活用

(1)「ㅂ」不規則活用

動詞、形容詞が、語幹末パッチム「ㅂ」の後ろ語尾に「-아/-어요」→「ᅯ」、「-(으)세요」→「ㅜ」に変わる。

춥다 → 추워요	밉다 → 미워요
「돕다」と「곱다」は「-아/-어요」の場合、「와」になる	
*돕다 → 도와요	곱다 → 고와요

(2)「ㅂ」規則活用

語幹末パッチム「ㅂ」の後ろ語尾に「-아/-어요」、「-(으)세요」が来るとき、変わらず、そのままになる。

접다 → 접어요	짧다 → 짧아요

「ㅂ」불규칙 활용 →「ㅂ」不規則活用

「基本形」	「-ㅂ니다/습니다」	「-아/어요」	「-(으)세요」	「-고」
고맙다	고맙습니다	고마워요	고마우세요	고맙고
뜨겁다	뜨겁습니다	뜨거워요	뜨거우세요	뜨겁고
즐겁다	즐겁습니다	즐거워요	즐거우세요	즐겁고
무겁다	무겁습니다	무거워요	무거우세요	무겁고
가깝다	가깝습니다	가까워요	가까우세요	가깝고
*곱다	곱습니다	고와요	고우세요	곱고
*돕다	돕습니다	도와요	도우세요	돕고

「ㅂ」규칙 활용 →「ㅂ」規則活用

「基本形」	「-(스)ㅂ니다」	「-아/어요」	「-(으)세요」	「-고」
입다	입습니다	입어요	입으세요	입고
잡다	잡습니다	잡아요	잡으세요	잡고
좁다	좁습니다	좁아요	좁으세요	좁고
넓다	넓습니다	넓어요	넓으세요	넓고

付録 93

11 「ㄹ」不規則活用と規則活用

(1)「ㄹ」不規則活用・「ㄹ」添加/「으」脱落

動詞・形容詞の語幹末「ㄹ」パッチムの後ろ語尾に「-아/어요」が来る場合は「ㄹ」添加し、後ろ語尾に「-(으)세요」が来るとき、「으」が脱落する。

다르다 → 달라요 → 다르세요	부르다 → 불러요 → 부르세요

(2)「ㄹ」規則活用

動詞・形容詞の語幹末「ㄹ」パッチムの後ろ語尾に「아/어요」、「-(으)세요」が来るとき、「ㄹ」が脱落せずそのままになる。

* 놀다 → 놀아요	불다 → 불어요

「-아/어요」→「ㄹ」添加 /「-세요/(으)세요」→「으」脱落

「基本形」	「-(스)ㅂ니다」	「-아/어요」	「-세요/(으)세요」	「-고」
다르다	다릅니다	달라요	다르세요	다르고
자르다	자릅니다	잘라요	자르세요	자르고
빠르다	빠릅니다	빨라요	빠르세요	빠르고
누르다	누릅니다	눌러요	누르세요	누르고
부르다	부릅니다	불러요	부르세요	부르고
마르다	마릅니다	말라요	마르세요	마르고

「ㄹ」규칙 활용 →「ㄹ」規則活用

「基本形」	「-(스)ㅂ니다」	「-아/어요」	「-(으)세요」	「-고」
놀다	놉니다	놀아요	놀으세요	놀고
살다	삽니다	살아요	살으세요	살고
만들다	만듭니다	만들어요	만드세요	만들고
열다	엽니다	열어요	열으세요	열고
알다	압니다	알아요	알으세요	알고
달다	답니다	달아요	달으세요	달고

語彙索引

韓国語・日本語

第1課

아 (ああ、やれやれ、あ)	우유 (牛乳)	어유 (おう)
아이 (子供)	오 (お)	여우 (キツネ)
아우 (弟、妹)	오이 (キュウリ)	여야 (与野党)
아야 (痛みを感じたとき)	이(빨) (歯)	야 (おい)
우아 (優雅)	이유 (理由)	야유 (夜あそび、夜遊)

第2課

소주 (焼酎)	이야기 (話)	아버지 (お父さん)
여자 (女子)	지도 (地図)	주스 (ジュース)
고기 (肉)	도구 (道具)	교사 (教師)
구두 (靴)	가수 (歌手)	비서 (秘書)
바다 (海)	교수 (教授)	버스 (バス)
가구 (家具)	유도 (柔道)	주부 (主婦)
부부 (夫婦)	고교 (高校)	두유 (豆乳)
여기 (ここ)	야구 (野球)	가다 (行く)
어디 (どこ)	두부 (豆腐)	더 (もっと)
이거 (これ)	고비 (峠)	비 (雨)

第3課

나 (私)	너구리 (タヌキ)	너 (あなた)
모녀 (母娘)	나비 (チョウ)	어머니 (お母さん)
마 (長芋)	무지 (無地)	뉴스 (ニュース)
무 (大根)	묘지 (墓地)	비누 (石けん)

도마 (まな板)	누비 (刺子)	모자 (帽子)
누나 (姉)	나도 (私も)	마녀 (魔女)
나무 (木)	부모 (両親)	나이 (年齢、歳)
모기 (蚊)	거미 (クモ)	네 (はい)
나라 (国)	소리 (音)	거리 (距離)
오리 (鴨、あひる)	도로 (道路)	우리 (私たち)
머리 (頭)	무료 (無料)	요리 (料理)
루비 (ルビー)	라디오 (ラジオ)	다리 (橋)

第4課

-의 (の) *助詞	아아 (ああ)	우와 (うわ！)
예의 (礼儀)	외워요 (覚えます)	얘 (この子)
-와 (と) *助詞	애 (子供、子)	왜? (何で？)
예 (はい)	위 (胃、上)	에이 (A)
왜요? (なぜですか。)	와우 (英語のWOW)	외 (外、他)
-에 (に) *助詞	-예요/-이에요 (です)	우애 (友愛)

第5課

키 (身長)	코코아 (ココア)	트로피 (トロフィー)
카메라 (カメラ)	코 (鼻)	피하다 (避ける)
카페 (カフェ)	타다 (乗る、燃える)	후회 (後悔)
케이크 (ケーキ)	토마토 (トマト)	피아노 (ピアノ)
크기 (大きさ)	표 (切符、表)	휴대 (携帯)
카세트 (カセット)	파티 (パーティ)	피로 (疲労)
커지다 (大きくなる)	휴가 (休暇)	취미 (趣味)
캐나다 (カナダ)	페이지 (ページ)	후배 (後輩)
카드 (カード)	최초 (最初)	회비 (会費)
카레 (カレー)	하루 (一日)	추가 (追加)
커피 (コーヒー)	피부과 (皮膚科)	치과 (歯科)

第6課

까마귀 (カラス)	빠지다 (落ちる、抜ける)	또 (また、再び)
까치 (カササギ)	따라서 (したがって、よって)	싸다 (安い、包む)
끼 (素質、才能)	빠르다 (速い)	띠 (干支)
깨뜨리다 (割る)	싸우다 (戦う)	쓰레기 (ゴミ)
깨다 (覚める)	때로 (時々)	뛰어가다 (走って行く)
꺼내다 (取り出す)	짜요 (塩辛いです)	뼈 (骨)
끄다 (消す)	찌다 (太る、肉がつく)	짜다 (塩辛い)
꼬리 (しっぽ)	찌개 (チゲ、鍋物)	때리다 (殴る)
꾸미다 (飾る)	쏘다 (刺す、打つ)	쓰기 (書き取り)
-씨 (-氏)	뜨거워지다 (熱くなる)	쓰다 (書く、使う)
토끼 (ウサギ)	떠나다 (去る、発つ)	메뚜기 (バッタ)

第7課

기역 (キヨッ)	쌍기역 (サンギヨク)	몫 (分、役割)
키읔 (キウク)	닭고기 (鶏肉)	행복 (幸福、幸せ)
지각 (遅刻)	대학 (大学)	책 (本)
부엌 (台所)	깜박 (うっかり)	떡볶이 (トッポッキ)
밖 (外)	깜짝 (びっくり)	빈대떡 (チヂミ)

第8課

니은 (ニウン)	라면 (ラーメン)	연예인 (芸能人)
왼손 (左手)	유람선 (遊覧船)	응원 (応援)
눈 (雪、目)	원인 (原因)	오른손 (右手)
돈 (お金)	전화번호 (電話番号)	오랜만 (久しぶり)
산 (山)	손수건 (ハンカチ)	질문 (質問)
신문 (新聞)	만두 (餃子)	핸드폰 (携帯電話)
인구 (人口)	게시판 (掲示板)	습관 (くせ、習慣)
의문 (疑問)	인천 (仁川)	한문 (漢文)

앉다（座る）	신원（身元）	운전（運転）
많다（たくさん）	직원（職員）	외국인（外国人）
연인（恋人）	칠판（黒板）	창문（窓）
반지（指輪）	주문（注文）	순두부（スンドゥブ）

第 9 課

디귿（ディグッ）	지읒（ジウッ）	다섯（五、ご）
옷（服）	쌍시옷（サンシオッ）	맛（味）
빛（光）	치읓（チウッ）	있다（ある）
빚（借金）	숟가락（スプーン）	멋지다（素敵だ）
빗（くし）	젓가락（箸）	잘못（誤り）
낯（顔）	그릇（器）	곧（すぐ）
낮（昼）	여럿（多数）	맞추다（合わせる）
티읕（ティウッ）	엿（飴）	맺다（結ぶ）
시옷（シオッ）	뜻（意思、意味）	웃다（笑う）
밭（畑）	햇빛（日差し）	잔디밭（芝生）
꽃（花）	짓다（作る）	맡기다（預ける）
젖다（ぬれる）	몇몇（何人、少し）	쫓아내다（追い出す）
넷（四）	옛（昔）	맞벌이（共働き）

第 10 課

리을（リウル）	건설（建設）	골목길（路地）
실수（ミス、失敗）	말투（言葉遣い）	열쇠（鍵、キー）
맨발（素足）	거절（拒絶、拒否）	핥다（なめる）
실례（失礼）	걸레질（雑巾がけ）	싫다（嫌い）
메일（メール）	외곬（一筋）	열차（列車）
맏아들（長男）	열다（開く、開ける）	식물（植物）
맏딸（長女）	거실（リビングルーム）	넓다（広い）
출발（出発）	환불（払い戻し）	식생활（食生活）

썰다 (切る)	거울 (鏡)	걸다 (掛ける)
오늘 (今日)	쌀 (米)	만년필 (万年筆)

第11課

미음 (ミウム)	옮기다 (移す、運ぶ)	입금 (入金)
여름 (夏)	금 (金)	모음 (母音)
발음 (発音)	밤 (夜、栗)	장단점 (長所と短所)
어젯밤 (昨夜)	참기름 (ゴマ油)	양심 (良心)
전문점 (専門店)	자신감 (自信感、自信)	장난감 (おもちゃ)
자음 (子音)	차이점 (異なる点、差異点)	작품 (作品)
봄 (春)	한숨 (一休み、ため息、一息)	김 (海苔、キム)
마음 (心)	삶 (生きる)	그럼 (では)
의심 (疑い)	점점 (だんだん)	장학금 (奨学金)
체험 (体験)	조심 (用心、注意)	게임 (ゲーム、遊び)
추첨 (抽選)	조림 (煮物、煮つけ)	기침 (咳)
젊다 (若い)	중고품 (中古品)	감 (柿)

第12課

비읍 (ビウプ)	꽃집 (花屋)	사용법 (使用料)
찬밥 (冷や飯)	깻잎 (エゴマの葉)	값 (値段)
없다 (ない)	사업 (事業)	작업 (作業)
여덟 (八)	비빔밥 (ビビンバ)	읊다 (詠む)
잎 (葉っぱ)	시끄럽다 (うるさい)	법 (法律)
입 (口)	커피숍 (コーヒーショップ)	복습 (復習)
앞 (前)	옆 (隣)	무덥다 (蒸し暑い)
무릎 (ひざ)	구입 (購入)	문법 (文法)
집 (家)	무렵 (頃)	수집 (収集)

第13課

이응 (イウン)	첫인상 (第一印象)	해수욕장 (海水浴場)
현장 (現場)	강아지 (子犬)	회의장 (会議場)
처방 (処方)	초청장 (招待状)	영수증 (領収書)
희망 (希望)	청구서 (請求書)	흥미 (興味)
찬성 (賛成)	고양이 (ネコ)	엉망 (めちゃくちゃ)
채용 (採用)	증명서 (証明書)	고등학생 (高等学生)
창문 (窓)	중요성 (重要性)	연상 (年上)
중앙 (中央)	채팅 (チャット)	출생 (出生)
증가 (増加)	짝사랑 (片思い)	태양 (太陽)
증상 (病状)	팀장 (チーム長)	여성 (女性)
연장 (延長)	영어 (英語)	여고생 (女子高生)
최종 (最終)	꼬리곰탕 (牛テールスープ)	풍경 (風景)

第14課

할아버님 (おじいさま)	할머니 (おばあさん)	나무 (木)
형님 (お兄さん)	아빠 (パパ)	전화 (電話)
동생 (弟/妹)	볼펜 (ボールペン)	중국 (中国)
필리핀 사람 (フィリピン人)	시계 (時計)	주차장 (駐車場)
한국 사람 (韓国人)	공책 (ノート)	역 (駅)
일본 사람 (日本人)	노트북 (ノートパソコン)	안경집 (眼鏡ケース)
미국 사람 (アメリカ人)	여자 친구 (彼女)	지우개 (消しゴム)
필통 (筆箱)	의자 (椅子)	책가방 (ランドセル)

第15課

졸업 (卒業)	도서관 (図書館)	초등학교 (小学校)
서점 (書店)	동대문 (東大門)	운동화 (運動靴)
명동 (明洞)	무엇 (何)	영화 (映画)

남대문 (南大門)	아니요 (いいえ)	지구촌 (地球村)
이것 (これ)	그것 (それ)	저것 (あれ)
이것은/이건 (これは)	그것은/그건 (それは)	저것은/저건 (あれは)
이것이/이게 (これが)	그것이/그게 (それが)	저것이/저게 (あれが)
이것을/이걸 (これを)	그것을/그걸 (それを)	저것을/저걸 (あれを)
이 (この)	그 (その)	저 (あの)
여기 (ここ)	거기 (そこ)	저기 (あそこ)
여기에 (ここに)	거기에 (そこに)	저기에 (あそこに)

第 16 課

몇 학년 (何年生)	유치원 (幼稚園)	종이 (紙、ペーパー)
동아리친구 (部活の友達)	교장실 (校長室)	된장 (味噌)
경영학부 (経営学部)	회장실 (会長室)	종 (鐘)
치과 (歯医者・歯科)	교무실 (教務室)	주식 (株)
경제학과 (経済学科)	미술관 (美術館)	보험 (保険)
상점 (商店)	공부방 (勉強部屋)	간장 (醬油)
숙제 (宿題)	토론 (討論)	소금 (塩)
상추 (サンチュ)	편지 (手紙)	다시마 (昆布)
절 (お寺)	한글 (ハングル)	지도 (地図)
기름 (油)	회사원 (会社員)	아들 (息子)

第 17 課

자전차 (自転車)	손 (手)	전철 (電車)
비행기 (飛行機)	수건 (タオル)	지하철 (地下鉄)
골프 (ゴルフ)	손녀 (孫娘)	탁구 (卓球)
태권도 (テコンドー)	남편 (旦那、夫、主人)	온천 (温泉)
스키 (スキー)	비자 (ビザ)	여권 (パスポート)

付録

한일 (韓日)	일요일 (日曜日)	있다 (ある)
음악 (音楽)	한국이 (韓国が)	오곡밥 (五穀ご飯)
옷이 (服が)	일본이 (日本が)	싶다 (したい)
젊음 (若さ)	목요일 (木曜日)	팥죽 (小豆粥)
일본어 (日本語)	금요일 (金曜日)	설날 (正月)
한국어 (韓国語)	어린이 (子供)	쓰지 않다 (書かない)
단어 (単語)	괜찮아요 (大丈夫です)	한류 (韓流)
꽃이 (花が)	선생님이 (先生が)	못하다 (劣る)
생일 (誕生日)	일어나다 (起きる)	싫지만 (嫌いだけど)
공원 (公園)	아침을 (朝を)	부탁해 (頼んだ)
금연 (禁煙)	당신은 (あなたは)	한라산 (ハルラサン)
당일 (当日)	돈은 (お金は)	전라도 (全羅道)
동안 (間)	삶은 계란 (ゆで卵)	편리 (便利)
약사 (薬剤師)	약국 (薬局)	닫히다 (閉まる)
먹다 (食べる)	약속 (約束)	싫지 않다 (いやではない)
식당 (食堂)	떡도 (餅も)	따듯하다 (暖かい)
백화점 (デパート)	십년 (十年)	밥물 (煮抜き)
앉히다 (座らせる)	앞면 (表)	종로 (鍾路)
첫날 (初日)	앞문 (前門)	법률 (法律)
콧물 (鼻水)	왕십리역 (ワンシムニ駅)	꽃망울 (蕾)

練習問題の解答は、
QR コードをスキャンするとご確認いただけます。

著者略歴

呉昑姫（オ・クンヒ）

　韓国ソウル生まれ

　日本に留学し経済経営学学士を取得

　韓国のサイバー大学に編入し、韓国語文化学部韓国語教育専攻学士取得

　韓国延世大学で韓国語教師養成課程を修了

　日本語教師 420 時間養成課程修了

　日本の大学院で経営学修士を取得

　韓国語教員国家資格　2 級取得

　多文化社会専門家修了

　上記の期間及び現在まで韓国語非常勤講師

첫걸음 (チョッゴルウム, 初歩) 韓国語 入門編

初版発行　2025年1月31日

著　　者　呉 昑姫

発 行 人　中嶋 啓太

発 行 所　博英社
　　　　　〒 370-0006 群馬県 高崎市 問屋町 4-5-9 SKYMAX-WEST
　　　　　TEL 027-381-8453 / FAX 027-381-8457
　　　　　E・MAIL hakueisha@hakueishabook.com
　　　　　HOMEPAGE www.hakueishabook.com

ISBN　　　978-4-910132-90-7

ⓒ Kumhee Oh, 2025, Printed in Korea by Hakuei Publishing Company.

＊乱丁・落丁本は、送料小社負担にてお取替えいたします。
＊本書の全部または一部を無断で複写複製(コピー)することは、著作権法上での例外を除き、禁じられています。